Pièce cartonnée

*E
8° 807

AF318291

Pièce cartonnée

* 8° E
807

DES VICISSITUDES

DU

DROIT INTERNATIONAL PRIVÉ

Dans l'histoire de l'humanité.

ÉTUDE PAR LE DOCTEUR Vladimir PAPPAFAVA

> « L'étranger n'est plus un ennemi comme
> dans l'antiquité, un serf comme dans le
> moyen âge, un aubain comme au dernier
> siècle ; c'est un hôte à qui l'on reconnaît
> tous les droits civils et qu'on accueille en
> ami »   LABOULAYE.

(Extrait de la Revue catholique des Institutions et du Droit.)

PARIS
OUDIN FRÈRES
ÉDITEURS-LIBRAIRES.

GRENOBLE
BARATIER & DARDELET
IMPRIMEURS-LIBRAIRES

BRUXELLES
DECQ & DUHENT

PHILADELPHIE
PENINGTON & FILS

1884

DES VICISSITUDES

DU

DROIT INTERNATIONAL PRIVÉ

Dans l'histoire de l'humanité.

I

Presque tous les peuples dans l'âge primitif avaient une tendance à tenir les étrangers à distance de leurs confins ou bien à ne les accueillir qu'avec beaucoup d'ombrage et de défiance. Les causes en étaient, outre les motifs d'ordre économique, la diversité d'origine, de race, de religion, de mœurs, de civilisation et de puissance.

Les peuples anciens n'admettaient aucun rapport entre citoyen et étranger, ou bien, et c'était là une grande concession, assujettissaient ce dernier à des obligations multiples envers la ville qui ne le chassait pas, quoiqu'en ayant le droit. — Cet éloignement réciproque entre les peuples, contribuait à resserrer le lien qui unissait le citoyen au sol natal ; lien du reste aussi doux et aussi sacré que celui qui unit l'homme à sa mère. « Quiconque, dit le professeur Jhering dans son estimable ouvrage sur l'Esprit du droit romain dans les divers degrés de son développement, quiconque est résolu aujourd'hui à changer de nationalité, ne saurait être retenu par les avantages résultant de ses droits civiques, vu que, quelque pays qu'il choisisse, il y trouvera les mêmes droits et une capacité juridique égale. Il se peut même qu'il gagne au change. Jadis au contraire celui qui s'expatriait en abdiquant son titre de citoyen ne pouvait espérer parvenir à le recouvrer dans un autre pays. Dès lors le sentiment de propre conservation vous liait à l'Etat, lequel possédait ainsi une force d'attraction qui lui échappe aujourd'hui ; et par là le droit, la liberté, diverses immunités et l'Etat lui-même, inspiraient une estime d'autant plus grande que les étrangers ne pouvaient y aspirer.

Dans l'Inde, la guerre était l'état naturel, et la force le lien unique de la société (*Lois de Manù*, VII, 18 et s.). Un profond antagonisme séparait les Hindous des autres peuples, surnommés *Melcha,* c'est-à-dire ceux qui parlent une langue étrangère; ils étaient méprisés et considérés comme indignes de la protection des lois.

L'Inde est une terre sainte ; tous ceux qui habitent hors de ses confins sont impurs de mœurs et de langage, dit un antique poëme indien. Et dans la hiérarchie des créatures, le législateur plaçait les étrangers après les éléphants, les chevaux et les sudras qui dans la société hindoue constituaient la troisième classe : ce n'est qu'aux lions, aux tigres, aux sangliers et autres animaux sauvages qu'ils étaient supérieurs (1).

L'unique tempérament ou remède aux conséquences de ces principes, étaient les traités, pour la consécration desquels les parties contractantes buvaient ensemble à la fontaine sacrée des Hindous , la fontaine de Tantale (*Lois de Manù,* VII — *Philostrate,* vie d'Appoll. III, 10).

En Médie et en Perse, l'histoire des relations internationales est écrite pendant longtemps en sanglants caractères. Ces peuples, aventuriers et nomades, mettaient à mort tous les êtres impurs qu'ils rencontraient dans le cours de leurs destructions (2), ainsi que tous ceux qui n'appartenaient pas à leur société politico-religieuse. Dans les livres de Zoroastre, dont une grande partie est relative au culte, nous trouvons des paroles de bénédiction pour les croyants, et des imprécations contre les étrangers.

Le peuple égyptien, guerrier et superstitieux au plus haut degré, était également inexorable à l'égard des étrangers (*Rosellini,* Monumenti istorici , cap. III, 1). Plutarque rapporte que les Egyptiens, qui étaient sans doute les plus nobles des peuples chamites, avaient à la guerre les usages les plus cruels, brûlant vifs leurs prisonniers et jetant leurs cendres au vent (*Plutarque* de Iside et Osiride, cap. 73). Dans l'inscription de Sésostris, qui résume la politique égyptienne, nous lisons : Le roi gouverne l'Egypte, le roi châtie la terre étrangère !

On lit dans Hérodote (II, p. 179) que si un navire étranger approchait des bouches du Nil, l'équipage devait jurer qu'il y avait été contraint par la plus impérieuse nécessité ; puis il lui fallait en repartir de suite pour Canope, ou, si les vents l'en empêchaient, transporter ailleurs la cargaison.

Toutefois, les Egyptiens se relâchèrent beaucoup de cette rigueur sous le roi Amasis, qui ouvrit le Nil aux Grecs, en

---

(1) *Lois de Manù,* XII, 43. — Catellani, *Il diritto internazionale privato,* I, 7; Laurent, *le Droit civil international,* I.

(2) Le vainqueur coupait la tête des vaincus, et les prisonniers étaient emmenés et soumis à d'horribles tortures. Layard, *Nineveh and is remains,* t. II, p. 82. — Ballerini, *Studi di Diritto internazionale,* p. 14.

leur permettant d'établir une espèce de port franc à Naucrate (1), et en leur assignant des terrains. Ils y construisirent un temple, et accrurent en peu de temps leur territoire au préjudice de l'Egypte (2).

Les Hébreux, supérieurs aux autres peuples par leur organisation sociale et par les idées directrices de leur existence, avaient conscience de cette supériorité. Fermement convaincus de leur privilège d'être eux seuls possesseurs de la vérité révélée, et de leur divine mission de la conserver intacte en vue d'un grand avenir, ils regardaient les autres peuples comme méprisables, dégénérés et voués à la perdition.

Néanmoins, si quelque étranger arrivait en Israël, il y était très humainement traité, car le principe de l'hospitalité était sacré pour les Hébreux, et ils se souvenaient de leur dur esclavage en Egypte (3).

« Advenam non contristabis, ordonnait la loi hébraïque, — neque affliges eum, advenæ enim et ipsi fuistis in terra Ægypti » (*Exod.* XXII, 21). « Si habitaverit advena in terra vestra et moratus fuerit inter vos, non exprobretis ei : sed est inter vos quasi indigena : et diligetis eum quasi vosmetipsos : fuistis enim et vos advenæ in terra Ægypti : ego Dominus Deus vester. » (*Levit.* XIX-33-34). « Postquam messueritis segetem terræ vestræ, non secabitis eam usque ad solum : nec remanentes spicas colligetis, sed pauperibus et peregrinis dimittetis eos. Ego sum Dominus Deus vester » (*Ibid.* XXIII, 22).

« Dominus Deus vester, ipse est Deus Deorum, et Dominus Dominantium, Deus magnus et potens, et terribilis, qui personam non accipit, nec munera. Facit judicium pupillo et viduæ, amat peregrinum et dat ei victum atque vestitum. — Et vos ergo amate peregrinos quia et ipsi fuistis advenæ in terra Ægypti (*Deuteron.* x, 17, 18, 19). Æquum

---

(1) Les dépenses nécessaires pour cette construction furent supportées par les villes de Chio, Teo, Phocée, Clazomènes, Rhodes, Cnide, Halicarnasse, Falèse et Mitylène.

(2) Cantù, *Storia universale*, t. 1, *Tempi antichi.* — Pierantoni, *Trattato di diritto internazionale*, I, 119. — Ballerini, op. cit., p. 7. — Laurent, op. cit., I, 112–118. — Pastoret, *Histoire de la Législation*, II, 190.

(3) Salvador — *Histoire des Institutions de Moïse et du peuple Hébreu ;* Paris, 1865, liv. v, ch. III : *Des étrangers considérés comme individus;* — Ewald, *Geschichte des Volkes Israël*, tit. II ; — Saalschütz, *Das Mosaische Recht*, tit. I ; — Selden, *Tractatus de jure naturali et gentium juxta disciplinam Hebræorum ;* — London, 1650, Edit. 11, Argent, 1655 ; — Kynieri : *De fundamento juris naturæ et gentium juxta disciplinam Hebræorum ;* — Michaels : *Mosaisches Recht*, Th. 1. — Torres Campos, *Principios de derecho internacional privado*, p. 57 ; — Pepere, *Storia del Diritto. Primo periodo. Diritto dell'Oriente. Napoli ;* 1871, p. 177, 221, 281, 328 et 387.

judicium sit inter vos, sive peregrinus, sive civis peccaverit : quia ego sum Dominus Deus vester » (*Levit.* XXIV, 22). « Unum præceptum erit atque judicium, tam vobis quam advenis terræ » (*Num.* XV, 15). Et pronuntiabunt Levitæ dicentque ad omnes viros Israël excelsa voce :...Maledictus qui pervertit judicium advenæ, pupillæ et viduæ, et dicet omnis populus : Amen (*Deuteron.* XVII, 19). De ipsis autem urbibus, quæ ad fugitivorum subsidia separantur, tres erunt trans Jordanem, et tres in terra Chanaan, tam filiis Israel, quam advenis atque peregrinis, ut confugiat ad eas qui nolens sanguinem fuderit (*Num.* XXXVI, 13, 14, 15).

Les Hébreux accordaient à l'étranger qui avait embrassé leurs croyances en tout ou en partie, une sorte de naturalisation. Il y avait deux grades. Si l'étranger se convertissait pleinement à la religion hébraïque, il était appelé *prosélyte de justice.* En présence de trois juges, il déclarait vouloir embrasser le Judaïsme, puis il était reçu avec les cérémonies d'usage et circoncis ; il était alors assimilé aux Israélites : « *Ecce*, dit Moïse, *talis fit per omnia instar Israelitæ* ; » et bien que, dans l'ordre politique, il fût exclu des honneurs et des charges, il jouissait presque toujours des droits civils des Hébreux. Si, au contraire, il se bornait à observer les préceptes fondamentaux de la religion judaïque, que la tradition faisait remonter à Noé, il obtenait le titre de *prosélyte de domicile*, c'est-à-dire le second degré de naturalisation. Dans ce cas, il pouvait vivre avec le peuple hébreux et jouir des droits particuliers de prosélyte de justice, mais le culte de Jéhovah, l'accès du temple et la célébration du sabbat lui étaient interdits.

Les Grecs, ces fils d'une terre belle et agréable entre toutes, réchauffée par un soleil dont les rayons sont comme un perpétuel sourire d'allégresse, terre où la pensée et les arts commencèrent à vivre, patrie d'Homère et du premier peintre des temps antiques ; les Grecs, fiers de leurs progrès dans les sciences, les lettres et les arts, faisaient de ces prérogatives mêmes comme une barrière. Qui n'appartenait pas à la race héllénique, ne pouvait être leur ami ou leur allié (1).

---

(1) Freeman, *Comparative Politics*, London, 1873, p. 90. — Barbeyrach, *Histoire des anciens traités répandus dans les auteurs grecs et latins, jusqu'à Charlemagne.* Groningue, 1739. — Sainte-Croix, *Des anciens gouvernements fédératifs et de la législation de Crète.* Paris, 1799. — Ward, *Enquiry into the foundation and history of the Law of nations in Europe from the Greeks and Romans to the age of Grotius.* London, 1795. — Zinserling, *Le système fédératif des anciens, mis en parallèle avec celui des modernes.* Heidelberg, Strasbourg et Paris, 1809.

Se croyant supérieurs à tout ce qui n'était pas Hellène, les Grecs considéraient les étrangers comme des barbares dignes de mépris (1) ou comme des ennemis qu'il fallait combattre en toute occasion. Guerre éternelle avec les barbares, tel était le cri de cette nation; *cum alienigenis, cum barbaris, æternum Græcis bellum est* (2).

La piraterie, ce brigandage maritime, ver rongeur de la navigation, était très répandue dès les temps héroïques de la Grèce. Du vivant de Solon, les Phocéens furent amenés par suite de la stérilité de leur pays, à devenir écumeurs de mer, ce qui, dit un historien, était réputé alors une profession honorable et célébré comme une vertu héroïque. Il est à remarquer que Solon, bien que les soumettant à diverses règles, toléra les associations de piraterie, constituées depuis longtemps.

Les divers Etats de la Grèce ne concédaient en général que rarement le droit de cité à des étrangers.

A Athènes par exemple, il fallait un décret confirmé par une assemblée d'au moins six mille citoyens votant au scrutin secret. Chacun d'eux pouvait objecter les motifs d'indignité ou d'irrégularité qu'il connaissait (3).

Les étrangers qui n'obtenaient pas le droit de cité étaient obligés, s'ils étaient en butte à une accusation criminelle, de se choisir parmi les citoyens un patron ou personne responsable appelée προστατης qui était garant de leurs actions. Ils devaient aussi vivre dans un quartier spécial, où ils étaient en quelque sorte emprisonnés. — Malheureuse que je suis ! s'écrie Electre ; je suis confinée dans mon appartement comme un étranger domicilié (4).

En outre, dans presque toutes les villes grecques, les étrangers devaient sous peine de perdre la liberté, verser pour eux et pour leurs enfants, une taxe annuelle au trésor public. A Athènes le taux était de douze drachmes pour les hommes et de six pour les femmes vivant seules sans mari ou sans enfants (5).

---

(1) Il suffit de dire qu'Antisthènes, fondateur de la secte des Cyniques, se voyait souvent reprocher d'avoir eu une mère non Athénienne (Diogène Laerce, *de vita et mor. philosoph. lib.* VI *Antisth. Ath. Ap. seb. Gryphium*) et que Mnesthée, fils du célèbre général Iphicrate auquel on demandait qui de sa mère ou de son père il estimait plus, répondit que c'était sa mère parce que son père, en tant qu'il était en lui l'avait engendré Thrace, sa mère au contraire Athénien.

(2) Live, Hist. XXXI, 29.— Thirwall, *Storia della Grecia*, t. III. — Bacquet, *Du droit d'aubaine*. édit. de 1621 chap. II § 1.

(3) Aristote. *De Republica*, lib. III, chap. V.

(4) Sophocle. *El.* v. 190.

(5) *Bacquet.* Op. cit., ch. III, § 22. — Sainte-Croix. *Mémoires sur les Métèques Mem. de l'Acad. des inscriptions*, t. 48. — Isperson, *Le principe de nationalité*, p. 10.

Un pareil système avait prévalu à Carthage, la fille de Tyr (1). Devenue reine des mers et arrivée à une prospérité merveilleuse par le commerce, elle put contester l'empire du monde à Rome, la plus fière de ses rivales et lui livrer un gigantesque combat.

Cependant les mœurs se modifièrent, et Athènes qui pouvait se vanter d'être la cité la plus humaine de son temps et contre la démocratie de laquelle Xénophon déploie une critique et une ironie injuste et intempestive (2), Athènes ouvrit ses portes aux étrangers. Ils eurent pour protecteur officiel le Polémarque (Πολεμαρχος), dont les fonctions étaient celles dévolues plus. tard au *prœtor peregrinus* à Rome. Dans toutes les villes de la Grèce, l'étranger, quoique n'ayant presque aucun droit, jouissait d'une protection, celle du droit sacré de l'hospitalité (3). « *La hospitalidad, dit Torres Campos*, (op. cit. p. 56) *era un medio para corregir lo que el estado social tenia de barbaro y de hostil hacia los extranjeros,…. era una reaccion del sentimiento humano contra el tratamiento barbaro de que era objeto el extranjero.* »

Quiconque refusait ou violait l'hospitalité était tourmenté par les Furies, tandis qu'un lien étroit et héréditaire se formait entre celui qui la donnait et celui qui la recevait.

Plus tard avec l'accroissement du mouvement commercial, et de cette culture littéraire et artistique qui ennoblit l'âme et modifie les mœurs, l'hospitalité prit un caractère public, et on institua les proxènes, προξενοι, qui avaient une lointaine ressemblance avec nos agents consulaires. Ils protégeaient les étrangers et les représentaient devant les tribunaux (4).

Dans quelques cas on accordait à l'étranger l'*isopolizia* espèce de naturalisation qui fut ensuite concédée à des populations entières, les Grecs d'origine se réservaient seulement le sacerdoce et l'archontat.

Malgré la culture de leur esprit les fils de Rome, la reine

---

(1) *Urbs antiqua fuit (Tyrii tenuere coloni),*
Carthago…. En. lib. ɪ.
(2) Xénophon. *Scripta minora ; recognovit Lud. Dindorf.* ɪɪ. *Lipsiæ, Teubner, 1867. Rep. Ath.* ch. ɪ.
(3) Odyss. ɪ 123, ɪɪɪ, 70 et suiv. xvɪɪ, 383 ; Herman, *Griechische Alterthümer,* ɪv, 151, Brougham, *Filosofia politica* ɪ, cap. xɪv. p. 514 ; Pierantoni, op. cit. ɪ, 216 ; Ahrens, *Enciclop, giuridica* ɪ, 203, Schœmann, *antichita greche,* Traduc, Pichler, vol. ɪɪ, p. 310.
(4) Meier, *De Proxenia sive de publico Græcorum hospitio.* Halis, 1843. — Boecler, *Tractatus de jure hospitiorum.* — Tissot, *Des Proxénies grecques et de leurs analogies avec les institutions consulaires modernes.* Dijon, 1863. — Schœman, op. cit., vol. ɪɪ, p. 313. — Pierantoni, op. cit., p. 217. — Torres Campos, op. cit., p. 62.

des nations, dont le nom et la gloiré ont retenti dans le monde entier pendant des siècles, n'étaient pas guidés vis-à-vis des étrangers par des idées bien humaines. L'ambition de dominer, inspirée par la conscience de leur force, les vertus militaires et de brillants succès leur avaient persuadé qu'ils étaient destinés à posséder l'empire du monde. Et la guerre,

« La servante et la rivale de la mort (1), »

était pour eux l'état normal et ordinaire (2) : une conquête en amena une autre, tant qu'il y eût une terre nouvelle pour y porter les aigles victorieuses. Dans les premiers temps, Rome voyait dans tout peuple étranger, une nation à subjuguer, dans tout citoyen de ce peuple un ennemi à soumettre éternellement aux lois. *Adversus hostem œterna auctoritas;* telles sont les paroles fortes et hautaines que nous lisons dans les XII Tables. Enfin elle ne faisait pas de distinction entre les ennemis avec lesquels elle était en guerre (*perduellis*) et ceux avec lesquels la guerre pouvait éclater à la première occasion (3).

Comme presque tous les peuples anciens, les Romains n'admettaient pas que des rapports juridiques pussent exister entre d'autres que leurs nationaux, citoyens romains d'origine et ceux qui l'étaient devenus ou qui faisaient partie de la cité d'une manière quelconque. Même en temps de paix ; à défaut d'un traité international (4), ils considéraient les étrangers comme *ex lege.* Cependant des doctrines aussi sages qu'humanitaires avaient été dictées par des hommes profondément instruits dans le vrai droit des gens, qui surent concevoir la plus large idée de la société humaine (5);

---

(1) Monti, *Basvilliana,* II.

(2) Pour avoir des rapports pacifiques avec Rome, les peuples étrangers devaient former une alliance. Le mot *pax* était synonyme de pacte. (Pierantoni, op. cit. p. 286).

(3) Cic., *De officiis,* I e XII. — Varro, *De lingua latina,* lib. V. s. 3. — Sciolla, op. cit., p. 11.

(4) Ce qui nous reste des traités romains, lesquels, comme le dit Polybe (liv. III), ne seraient pas indignes de la civilisation moderne, se réduit à de courtes analyses reproduites dans les annales historiques et à quelques traductions grecques (Egger, *Latini sermonis reliquiœ* 48, 50, 51. — Mommsen *Sui modi usati dai romani nel conservare e publicare le leggi ed i senatusconsulti,* § 5 ; *memoria inscrita negli Annali del Instituto di corrispondenza archeologica* vol. XXX, p. 171). Ces précieux fragments suffisent toutefois pour donner une idée de l'art des traités d'un peuple qui eut une si grande part au développement de la raison juridique et qui pendant tant de siècles concentra l'histoire du monde dans l'enceinte d'une immense métropole (Laghi, *Theoria dei trattati internazionali,* I, intr. p. XXXIII.

(5) Denis, *histoire des théories et des idées morales dans l'antiquité* Paris, 1856, t. I, p. 344. — Desjardins, *Les Devoirs, essais sur la morale de Cicéron.* Paris, 1865, p. 261. — Torres Campos, op. cit. p. 112.

comme par exemple l'orateur d'Arpinum qui dit : « *Ut jam universus hic mundus una civitas communis deorum atque hominum existimanda.* » (*De legibus* 1, 7). Et en un autre endroit : « *Natura propensi sumus ad diligendos homines, quod fundamentum juris est* » (*De leg.* I, 15) (1).
Sénèque de son côté écrit : « *Homo sacra res homini.... Omne hoc, quod vides, quo divina et humana conclusa sunt, unum est : membra sumus corporis magni. Natura nos cognatos edidit..., Hæc nobis amorem dedit mutuum et sociabiles fecit.* » (Epist. XC).

Les Romains se croyaient en droit de s'approprier les biens de l'ennemi qui se trouvaient à leur portée, les considérant comme non moins légitimement acquis que les coquillages qu'ils pouvaient ramasser sur le bord de la mer (2). Réduire en esclavage l'homme libre étranger ne leur paraissait pas moins légitime. Du reste, ils admettaient parfaitement qu'on en usât de même à l'égard de leurs biens et de leurs personnes.

Cette manière de voir était tellement enracinée dans les traditions de l'antiquité, que déjà, au IIe siècle de l'ère chrétienne, Pomponius écrivait : « *Si cum gente aliqua neque amicitiam, neque hospitium, neque fœdus amicitiæ causa factum habemus, hi hostes quidem non sunt ; quod autem ex nostro ad eos pervenit illorum fit, et liber homo noster ab iis captus, servus fit illorum. Idemque est si ab illis ad nos aliquid perveniat* (Lib. 5, § 2 : *De captivis et postliminio et redemptis ab hostibus.* Dig. XLIX, 15) (3).

Les étrangers, c'est-à-dire ceux qui n'étaient pas nés à Rome ou dans le périmètre très limité de son territoire (*qui Romæ aut in agro romano domicilium non habebant*) (4), étaient, à défaut d'un traité positif (5), déclarés

---

(1) Il faut rappeler cette splendide et éloquente description de la loi naturelle « *omni tempore una et sempiterna,* » que ce même Cicéron fait dans son *Traité des Lois* « *Vera lex, recta ratio, naturæ congruens, diffusa in omnes, constans, sempiterna.* » La charité, l'amour naturel après avoir resserré et uni les familles « *serpit sensim foras, cognationibus primum, tum affinitatibus, deinde amicitiis, post vicinatibus, tum civilibus et iis qui publice socii atque amici sunt; deinde totius complexu gentis humanæ* (*De offic.* III, 2).

(2) Mommsen, *Storia romana* I, cap. 11 ; — Lomonaco, *Trattato di diritto civile internazionale,* p. 15 ; — Saredo, *Saggio sulla storia del diritto internazionale,* p. 4 ; — Walter, *Storia del diritto di Roma,* lib. I, cap. X.

(3) *Ea quæ ex hostibus capimus jure gentium nostra fiunt, adeo ut et liberi homines in servitutem nostram deducantur* (§ 17, *De divisione rerum,* Instit. II, 1).

(4) Tite-Live, VI, 4. — Troisfontaines, *Antiquités romaines,* I, p. 178.

(5) La formule usitée dans les traités qui prenaient le nom de *fœdera, sponsiones, pactiones,* était: *amicitia esto* ! (Polybe III, 22. — Tite-Live, XXXVIII. — Hossenbrugen, *De jure belli ac pacis Romanorum. Lipsia 1856.* — Varron, fragm. I et II, *De vita pop. rom.* (*cit. par* Püttman, *de obligatione fœderum,* § 2).

absolument incapables, soit au point de vue des droits politiques, soit à celui des droits civils. En conséquence, ils
n'avaient pas le droit de figurer sur le cens, de voter dans
les comices, de faire partie de l'armée, d'arriver aux honneurs. Au point de vue civil, ils n'avaient pas le *Jus connubii* (1), ou droit de contracter ce mariage conforme à la
loi civile, et nommé, pour ce motif, *justœ nuptiœ*, duquel
dérivait la constitution spéciale de la famille romaine, fon-
dée essentiellement sur la puissance paternelle (2) et sur
la parenté des agnats (3), nécessaire pour succéder à une
personne morte sans testament. Ils n'avaient pas non plus
le *jus commercii*, ou droit d'acquérir le *dominium ex jure
Quiritium*, de négocier selon les lois romaines, et d'acquérir et d'aliéner la propriété romaine d'après ces modes qui
rappelaient le mode primitif d'acquérir, la mancipation (4),
l'usucapion.

Leur était également refusé, ce droit réservé aux seuls
citoyens d'en appeler au peuple des sentences des magistrats, ou *jus provocationis*, sur lequel nous lisons, dans
Cicéron : « *Provocationem a regibus fuisse declarant pon-
tificii libri* (*De Republica* II, 31).» Enfin, ils n'avaient pas le
testamenti factio (*jus factionis testamenti*), et un passage
de Cicéron nous apprend qu'après leur mort, leurs biens appartenaient, *jure adplicationis*, à celui sous le patronage duquel ils s'étaient placés. » *Quid?* dit Cicéron, *quod item in
centumvirali judicio certatum esse accipimus? Qui Romam in
exsilium venisset, cui Romœ exsulare jus esset si se ad aliquem quasi patronum adplicuisset et mortuus esset, nonne
in ea causa jus adplicationis obscurum sane et ignotum
patefactum in judicio atque illustratum est a patrono* (*De
Orat.*, lib. 1) (5).

La faculté même d'habiter à Rome n'était concédée aux
étrangers qu'à titre provisoire et précaire. Il y a non pas
pas un, mais plusieurs exemples d'expulsion d'individus
qui n'étaient pas citoyens romains, expulsions motivées
par la raison d'Etat, la rareté des vivres ou tout autre
cause. Ainsi, sur la proposition de Julius Pernus, tribun du
peuple, il fut ordonné à tous les étrangers de quitter la ville.
La même mesure fut prise, sur les instances de Papius

---

(1) *Connubium habent cives romani cum civibus romanis*, dit Ulpien
(*Regulœ*, tit. v, § 4).

(2) *Quod jus proprium civium romanorum est; fere enim nulli alii sunt
homines qui talem in filiis suis habeant potestatem qualem nos habemus.*
Inst. 1, tit. IX, § 2. — Tite L., lib. 1, 26. — Stoïcesoo, *Etude sur la naturalisation*, p. 32.

(3) Savigny, *Traité du Droit romain*, n° 26.

(4) Ulpien, tit. IX, § 5. — Cicer., *Ad famil.* VII, 2. — Gaïus II, 218.

(5) Tite-Live, XLIII, 20. — Cicéron, *Divinatio in Cœcilium.*

Celsus et d'autres encore. Cicéron, le plus grand orateur
qu'il y ait eu dans la suite des temps, dont les grandes idées
juridiques sont presque toujours au niveau de celles de la
civilisation moderne, Cicéron déclara cette coutume barbare : Usu vero urbis prohibere peregrinos sane inhumanum est (1).

Mais avec le temps,

.... *postquam fortuna loci caput extulit ejus,*
    Et tetigit summos vertice Roma deos.

divers faits vinrent modifier ces principes sévères et en
adoucir l'âpreté.

A l'origine, et très anciennement, tous les étrangers
étaient pour Rome des ennemis, *hostes ;* plus tard, ce mot
ne fut plus appliqué qu'à ceux avec lesquels elle était en
guerre (2), et les autres étrangers reçurent le nom de pérégrins (3). La concession qui leur fut faite, successive-
ment, d'une partie du droit romain (4), leur donna un rôle
au point de vue du droit ; résultat dû, comme nous le ver-
rons, à la bienfaisante influence du droit des gens, lequel
amenait, entre les rigueurs de la loi civile et les nécessités
de la pratique, de ces transactions si fréquentes en droit
romain.

La situation faite aux pérégrins n'était pas la même pour
tous ; au regard des Romains, ils se divisaient en deux
classes principales. La première comprenait les habitants
des pays laissés indépendants et autonomes, si ce n'est au
point de vue politique ; la seconde, les peuples que Rome
avait assujettis à sa domination.

En règle générale, elle refusait aux uns comme aux autres l'exercice des droits civils ; mais il y avait cependant
une différence. Certains ne l'obtenaient jamais ; c'était l'é-
quité seule qui, avec le temps, introduisait des règles spéciales répondant aux nécessités juridiques que faisaient

---

(1) Cicéron, *De Officiis*, lib. iii, cap. 2.

(2) *Hostis*, disait Cicéron, *apud majores nostros is dicebatur quem nunc
peregrinum dicimus ; indicant enim duodecim Tabulæ : Aut status dies
cum hoste. Item : Adversus hostem, æterna anctoritas* (De Off,,i, 1).

(3) Privés du droit de cité, les exilés (απολιδες) étaient dans la situation des pérégrins. Les relégués, au contraire, conservaient le droit
de cité ; seulement, ils ne pouvaient demeurer dans la ville, comme nous
le voyons par ces vers d'Ovide relégué sur les bords du Pont-Euxin :

    Nec vitam, nec opes, jus nec mihi civis ademit :
    Nil nisi me patriis jussit abesse focis.
    Ipse relegati non cæsulis utitur in me
    Nomine.

(4) Gronovio, *Observat.* ii, p. 253 ; — Heineccius, *Antiquit. roman.
opp. ad,* l. i, § 34 ; — Savigny, *Op. cit.* ii, cap. ii.

naître le commerce et les relations. A d'autres, il fut fait peu à peu des concessions partielles; si bien qu'ils arrivèrent à jouir du droit civil romain dans toute son étendue (1).

Ainsi, aux Latins, la république concéda le *Jus commercii*, avec toutes ses conséquences juridiques ; de là, le *Jus Latii* (2).

Les peuples alliés, appelés *confœderati*, conservaient leur culte national avec leurs prêtres (3), leur gouvernement, leur constitution politique (4) et le droit de s'administrer à leur gré. Ils devaient seulement ne pas violer les lois et décrets du peuple romain, ou se mettre en opposition avec eux (5).

Les préfectures étaient données à des magistrats romains, lesquels, ayant le droit de promulguer des lois, les faisaient naturellement en s'inspirant du droit romain. Les colons qui partaient de Rome pour cultiver les pays restés déserts après une guerre, et pour former, selon l'expression d'Ozanam (6), des campements pacifiques sur les terres conquises, avaient des privilèges spéciaux, notamment le *Jus commercii*, et quelquefois, quoique plus rarement, le *Jus connubii*. En dernier lieu, on accorda le droit de cité aux habitants de ces petites républiques italiennes qui, ayant abandonné leurs lois, se soumettaient à celles de Rome (7).

Mais enfin il n'y avait aucun peuple qui eût l'entier exercice du droit civil de Rome, ni d'étranger auquel fût accordé la dignité et les droits de citoyen romain. Le commencement de la loi des xii Tables « *privilegia ne irroganto* » défendait qu'on accordât, même individuellement, cette faveur (8).

---

(1) *De statu hom., 17, Dig.* — Sciolla, op. cit., p. 14.

(2) Denis d'Halicarnasse appelle les peuples du Latium μετέχοντας τῆς ἰσοπολιτείας, *participes juris quod civitatem quasi œquat.* — Voir le savant ouvrage de Sigonius ; *De antiquo jure ital.*

(3) Cicéron, Pro Milone, 10. — Tertullien, *Ad nation.* ii, 2.

(4) *Non dubito quin fœderati et liberi nobis externi sint : non inter nos atque eos postliminium esse ; etenim quid inter nos atque eos postliminii opus est, cum et illi apud nos et libertatem suam et dominium rerum suarum œque atque apud se retineant ; et eadem nobis apud eos contingant.* L. 7, Dig., *De captivis.* Voir aussi César, *De bell. gal.* i, 45 ; — Pline, *Epist.* x, 88, 109 ; — Ulpien, xx, 14.

(5) Cicéron, *De legib.* iii, 16, — Tite-L. xxiii, 2, 7, xxxiv, 7.

(6) *Les Germains avant le Christianisme*, p. 314.

(7) Sciolla, *op. cit.*, p. 14 ; — Demangeat, *Hist. du Droit rom.*, c. ii.

(8) Sciolla, *ibid.*

Ce ne fut que dans les derniers temps de la république, en parlant desquels Juvénal disait :

Tunc par ingenio pretium ; tunc utile multis
Pallere et vinum toto nescire Decembri.

Lib. III, Sat. VII, v. 96.

que l'on commença à accorder le droit de cité aux étrangers illustres qui, par les arts, les sciences ou les armes, avaient augmenté l'éclat de Rome. C'est ainsi qu'il fut concédé, conjointement avec d'autres récompenses, au poète Archias (1).

En attendant, les Latins et les autres peuples de l'Italie réclamèrent les armes à la main la participation au droit civil et politique des Romains ; c'était pour eux le seul moyen de pouvoir succéder aux citoyens romains, partager leur conquête et prendre part au gouvernement d'une République dont la puissance les mettait en crainte et péril. Une lutte longue, acharnée, homicide, où des consuls, des légions romaines et alliées, et trois cents mille enfants de l'Italie trouvèrent la mort, se termina par les lois *Julia de civitate sociis edenda* (an de Rome 664) *et Plautia Papiria* (an 665) qui accordèrent le droit de cité aux Latins et aux populations alliées de l'Italie (2). Ainsi les provinces et les pays où ne planaient pas encore en vainqueurs les triomphales aigles romaines, continuaient de rester étrangers au droit civil romain.

La condition juridique des provinces, ainsi que celle des pays vaincus et soumis à un impôt envers Rome (*stipendiarii populi*) (3) était réglée par le décret de soumission et par l'édit provincial. Le premier établissait les concessions faites à la province et le second le mode suivant lequel le préteur ou le proconsul envoyé de Rome devait faire les lois.

Il est certain que les édits provinciaux furent un moyen des plus efficaces pour introduire dans les provinces les principes du droit romain. En effet, ils étaient extraits des lois et coutumes du pays auxquels ils étaient destinés, mais comme dit Cicéron, ils revêtaient la même forme que les édits du préteur urbain (4).

La condition juridique des provinces était toutefois bien

---

(1) Cicéron, *Pro Archia.*
(2) Sciolla, op. cit. II, 2. — Maynz, I, 11 31 note 14. — Demangeat, op. cit. c II. — Cicero, *Pro Archia,* 4.
(3) .... *inter Siciliam cæterasque provincias hoc interest quod cæteris, aut impositum vectigal est certum quod stipendiarium dicitur, ut Hispanis, plerisque Pænorum, aut censoria locatio constituta est ut Asiæ lege Sempronia* (Cic. Verr. II, 3, 6.
(4) Cic. Verr. II. — Sciolla op. cit. p. 16.

différente suivant les proconsuls (1) envoyés par Rome. Cicéron, qui compare certains proconsuls à des vautours (2), nous dépeint le triste état où Verrès, qui violait impunément et audacieusement ses propres édits, avait réduit la Sicile (3). Caton, proconsul de Sardaigne (4), trouva cette province pillée par ses prédécesseurs. A côté de ces exemples, nous trouvons celui de Cicéron qui pendant son proconsulat de Cilicie promulgua un édit provincial aussi sage qu'humain, destiné à rendre la tranquillité, l'ordre et la prospérité à une province appauvrie.

Cette différence de condition entre les peuples de l'Italie et les provinces persista pendant deux siècles après la chute de la République. Ce fut l'empereur Antonin Caracalla, qui concéda à tous les habitants de l'empire le droit de citoyen romain (5), de citoyen de cette splendide cité qui, dans les derniers temps de la République surtout, était vraiment devenue l'*orbis* (6), où les intérêts, les plaisirs et la science (7)

---

(1) Le proconsul commandait d'un manière absolue dans son gouvernement. L'armée, l'administration, la justice, tout était dans ses mains. Il formait parmi les citoyens une liste de récupérateurs, auxquels il déléguait les fonctions judiciaires. Il avait sous ses ordres un questeur nommé par le peuple, chargé du trésor de la province, et quelques délégués choisis par lui, dont le sénat fixait seulement le nombre. Ces derniers (*legati proconsulis*) représentaient le gouverneur partout où il ne se trouvait point et exerçaient tous les pouvoirs qu'il leur avait conférés. (Ortolan, *explication historique du droit romain*.)

(2) *Vulturius imperator. In Pis.* 16. *Duo vulturii paludati* (pro Sext. 33).

(3) Sciolla, op. cit. p. 16. — Laferrière, *Hist. du droit fr.* t. iv. — Cicéron, Verr., iii.

(4) Caton, gouverneur de la Sardaigne, visitait à pied les villes de sa province, avec un seul serviteur qui portait derrière lui le manteau et la patère des sacrifices ; après son long séjour en Espagne, il vendit son cheval de bataille pour revenir dans sa patrie, ne se croyant pas autorisé à mettre au compte de l'Etat ses frais de retour (Mommsen, *Hist. romaine*, i, p. 307).

(5) Dig. 1. 5. 17. — Dion Cass. lxxviii, 1. — Maynz. 54, 55, 89. — Haubold, *Ex constitutione imperatoris Antonini quodammodo qui in orbe romano essent, cives romani effecti sunt ;* Stoïceseo, op. cit. p. 116' et suiv.— Giraud, *Introduction historique au droit romain d'Heineccius*, i, p. 218. — Demangeat, *Droit romain*, i, 160. — Pothier, au tit. *De statu hominum.* — Ortolan, op. cit., i, 295, 75, 380. — Accarias, *Précis de Droit romain*, i, p. 94.

(6) *Jupiter, arce sua quum totum spectat in orbem*
Nil nisi romanum quod tueatur habet,

Ovid. *Fast*, i 85, 86.

Et Pline :

Una cunctarum gentium in toto orbe patria,

Et Rutilius Numanzianus :

« *Urbem fecisti quod priùs orbis erat,*

Gentibus est aliis tellus data limite certo,
Romanæ spatium est urbis et orbis idem. »

(7) *Aspice, agedum,* — c'est ainsi que Sénèque décrivait l'affluence des

attiraient les étrangers de tous pays. La cupidité, et non point le libéralisme, décida Caracalla à cette concession. Jusque là en effet les seuls citoyens romains étaient assujettis à l'impôt sur les successions héréditaires (*vigesima hœreditatum*) ; mais dès lors, tous les sujets de l'empire furent réputés habiter la Ville Eternelle et soumis audit impôt (1). « Il ne faudrait pas croire, dit l'illustre Giraud (déjà cité), que cette concession fût un bienfait purement philanthropique, elle fut plutôt une combinaison financière qu'une œuvre philosophique. »

On ne considéra dès lors comme étrangers que les peuples comme les Germains, les Scythes, et ceux de l'extrême Orient, qui obéissaient à des souverains particuliers et restaient plongés dans la barbarie ; ennemis du nom romain, à l'égard desquels on prit des mesures hostiles. — Ainsi un décret de l'empereur Constance portait que tout négociant étranger, devait faire constater ce qu'il apportait d'argent en pénétrant dans l'empire et il ne pouvait le quitter avec une somme supérieure. Dans un esprit de défiance et pour prévenir les invasions toujours menaçantes de ces barbares que Rome avait méprisés au point de les considérer comme en dehors de l'humanité, les empereurs Gratien, Valentinien et Théodose défendirent de leur donner de l'or et ordonnèrent de les dépouiller de celui qu'ils avaient. (C. 2. IV. 63 Code). Les marchands qui enfreignaient cet ordre, les juges qui fermaient les yeux sur ce délit étaient menacés de la peine capitale. Enfin, ils interdirent d'admettre les barbares dans les ports et les cités commerciales de l'empire, de leur vendre du fer et des armes, et d'organiser des marchés et des foires dans les pays avec lesquels il n'y avait pas de traité. (C. 4, *ibid.*, 63.)

Une constitution de Valentinien punissait de mort un mariage avec un barbare, même avec ceux qui étaient établis dans l'empire ou qui servaient dans les légions.

étrangers à Rome et les motifs qui les y attiraient — *hanc frequentiam, cui vix urbis immensæ tecta sufficiunt : maxima pars illius turbæ patria caret ; ex municipiis et coloniis suis, ex toto denique orbe terrarum confluxerunt. — Alios adducit ambitio, alios necessitas officii publici, alios imposita legatio, alios luxuria opulentum et opportunum vitiis locum quærens ; alios liberalium studiorum cupiditas, alios spectacula ; quosdam traxit amicitia, quosdam industria ; latam ostendendæ virtuti nacta materiam ; quidam venalem formam attulerunt, quidam venalem eloquentiam. Nullum non hominum genus concurrit in Urbem, et virtutibus et vitiis magna præmia ponentem, Jube omnes istos ad nomen citari, et unde domo quisque sit ; videbis majorem partem esse quæ relictis sedibus suis venerit in maximam quidem ac pulcherrimam Urbem nec tamen suam. — Ad. Helvid,* cap. 3.

(1) Caracalla éleva cet impôt au dix pour cent.

Voici ce que prescrivait une constitution de Théodose et d'Honorius, qui se lit dans le Code Justinien : *His qui conficiendi noves incognitam ante peritiam barbaris tradiderint, capitale judicium proponi decrevimus* (Cod., *De pœnis*, Const. 25). On en trouve la sanction dans les *Basiliques*, au liv. 60, tit. 51, *De pœnis*.

Et l'empereur Marcien, dans la constitution 2 (*C. quæ res exportari non debeant*) : « *Nemo alienigenis barbaris cujuscumque gentis ad hanc urbem sanctissimam sub legationis specie vel sub quocumque alio colore venientibus aut in diversis aliis civitatibus vel locis, loricas, scuta et arcus, sagittas et spathas et gladios vel alterius cujuscumque generis arma audeat venumdare. Nulla prorsus iisdem tela, nihil penitus ferri vel facti vel jam adhuc infecti ab aliquo distrahatur. Perniciosum est namque romano imperio et proditione proximum, barbaros quos indigere convenit telis, eos, ut validiores reddantur, instruere. Si quis autem aliquod armorum genus quarumcumque nationum barbaris alienigenis contra pietatis nostræ interdicta ubicumque vendiderit, bona ejus universa protinus fisco addici, ipsum quoque capitalem pœnam subire decernimus* (1). »

Pour clore la première partie de ce rapide historique, nous devons rappeler que, dès les premiers temps, les Romains avaient admis des institutions adoucissant la situation faite à l'étranger, tout en le tenant en dehors du droit civil. Par exemple, le *Jus hospitii* (*publici et privati*), institution la plus caractéristique des temps primitifs de Rome, que les poètes ont embellie de leurs fleurs, en dépeignant l'hôte comme un frère , un ami , un représentant des Dieux.

A l'origine, l'hospitalité fut un refuge et un asile que l'on sollicitait de la pitié et de l'amour. L'étranger était cet homme qui, indigné, s'écriait avec le poète :

> *Quod genus hoc hominum, quæve hunc tam barbara morem*
> *Permittit patria ? hospitio prohibemur arenæ.*

Dans la suite, l'hospitalité devint une relation stable, juridique même, puisqu'elle établissait entre gens de religion et de mœurs différentes, un lien qui assurait le respect du droit de chacun, soit dans son pays, soit à l'étranger. Les écrivains comparèrent l'hôte au client, et le jurisconsulte Sabin alla jusqu'à placer les devoirs de l'hospitalité avant ceux de la clientèle, et immédiatement après ceux que l'on avait envers les pupilles (2).

---

(1) *Eperson*, op. cit, p. 11.
(2) Comba, *Del diritto internazionale in Roma*, p. 29. — *Saredo*, op. cit., p. 29.

Le droit privé d'hospitalité s'établissait entre les parties par un échange de dons : « *Consuetudo erat apud majores,—* dit Servius, — *ut inter se homines hospitii jura mutuis muneribus copularent vel per internuntios.* » Outre Jupiter Hospitalis (1), une divinité particulière protégeait ces traités particuliers, et on en conservait un signe matériel qui se transmettait aux descendants (2) avec un soin jaloux (3). Un dédit formel (*renunciare hospitium*) (4) pouvait seul annuler un traité de cette sorte, dont la violation était considérée comme le pire des crimes (5).

Le *Jus hospitii* entraînait avec lui deux obligations principales : celle de loger l'hôte et celle de le défendre, ainsi que de le représenter en justice, le cas échéant. Nous lisons dans Tite-Live (XLII, 1) : « *Privata hospitia habebant (magistratus romani), ea benigne comiterque colebant, domusque eorum Romæ hospitibus patebant, apud quod ipsos diverti mos esset.* » Et dans Cicéron (Div. 20) : « *Clarissimi viri nostræ civitatis, temporibus optimis, hoc sibi amplissimum pulcherrimumque ducebant, ab hospitibus clientibusque suis injurias propulsare, eorumque fortunas defendere. Nuper Cn. Domitium scimus M. Silano diem dixisse propter unius hominis Egritomari, paterni amici atque hospitis, injurias.* »

Si l'étranger était condamné à la prison, il était du devoir impérieux de l'hôte de payer pour l'en faire sortir. L'héroïsme connu de Coriolan lui avait fait offrir par le consul la dixième partie du butin ; il préféra la liberté d'un ami d'hospitalité, et qui était au nombre des prisonniers, et destiné à l'esclavage. Les légions applaudirent unanimement à cet acte généreux (6).

Dans une bataille même, la qualité d'ami d'hospitalité ne disparaissait pas. Dans la guerre contre les Campaniens, raconte Tite-Live, un Romain, nommé Quintus Crispinus, se refusa à un combat singulier avec un nommé Badinus qu'il avait reçu malade à Rome. Il ne céda que lorsque le provocateur eût rompu le traité d'amitié qui existait entre eux. — Sylla, en ordonnant le massacre de douze mille ha-

---

(1) Cicéron, *Ad. Quint.*, 4 II, 12. — *Pro Dejot.* 6.

(2) *Deum hospitalem ac tesseram mecum fero* (Plaute) *Pœnulus* v. 1, 22, 25).

(3) Cic., *Divin.*, 20. — César, *De bel. civ.*, II, 25.

(4) Cic., *In Ver.*, II, 36.

(5) L'orateur romain, dans ses virulentes apostrophes contre Verrès, ne trouve rien de plus grave à lui reprocher que de n'avoir pas respecté *hospitii jus atque nom n.* (*In Ver. act.* v, 42. — *Saredo, op. cit.*, p. 22. — *Comba, op. c.t.*, p. 30. — Neikter, *De jure gentium apud Romanos*, p. 57 et s.

(6) *Denys d'Halicarnasse,* VI, 94.— *Plutarque,* Coriol., 10.— *Pierantoni, op. cit.*, p. 300.

bitants de Préneste, voulut épargner un ami d'hospitalité ; mais celui-ci, surpassant en magnanimité le Romain, répondit avec une noble fierté qu'il ne voulait point devoir la vie au bourreau de sa patrie, et il partagea volontairement le sort de ses concitoyens (1).

Outre l'hospitalité privée, on concédait l'hospitalité publique (*jus hospitii publici*), qui comprenait deux catégories, l'une pour les individus en particulier, l'autre pour les cités. Par la première, un étranger qui avait bien mérité de Rome, obtenait du gouvernement romain une protection et des égards spéciaux. Par la seconde, l'Etat accordait à une ville entière l'hospitalité publique ; les résultats juridiques de cette concession variaient selon les cas. Voici des exemples à l'appui. Le Sénat de Rome donna le droit d'hospitalité à Timothée de Lipari, lequel, mû par des sentiments de religion, avait fait rendre la liberté et escorter jusqu'à Delphes, des envoyés, chargés par Camille d'une coupe d'or pour le dieu de Delphes, et qui avaient été arrêtés par des corsaires de Lipari (2). Nous voyons aussi dans l'histoire, que, pendant la guerre contre les Gaulois, les *sacra* des Romains avaient été conservés chez les citoyens de Céré, lesquels avaient en outre reçu et protégé les prêtres. Pour ce fait, un sénatus-consulte donna à Céré le droit d'hospitalité. *Servius senatus-consultum fecit.... cum Cæritibus hospitium publice fieret (Tite-Live, I, 45).*

II.

Une institution digne d'être signalée est celle des divers magistrats chargés d'examiner et de protéger les droits des étrangers et de juger leurs contestations privées. Ces magistrats furent d'abord les *judices recuperatores* ou *reciperatores* institués originairement pour remédier aux suites de la guerre et restituer à chacun ce que ce fléau lui avait fait perdre (3).

Dans un plébiscite de l'an 682 de Rome on lit : *Quos Thermenses majores Pisidæ liberos servosve bello Mithri-*

---

(1) Plutarque, *Sylla*, 32. — *Saredo*, op. cit., p, 21. — *Pierantoni*, op. cit., p. 3u0.

(2) *Diodon*, xiv, 93. — *Saredo*, op. cit,, p. 22. — *Comba*, op. cit., p. 31.

(3) Keller, *Le procès civil romain*, § viii, chap. 9. — Pline, Paneg. 36. — Aul. Gelle, xx, 1. — Walter, *Histoire du droit romain*, liv. iv.* — Théophile, ad 4 *Inst. quibus ex causa manum.* – Saredo, op. cit., p. 36.—*Institutions de procédure civile*, p. 50 et s. — Sciolla, op. cit. p. 19.

*datis amiserunt, magistratos prove magistr. quia de ea re
jurisdictio erit, quoque de ea re in jus aditum erit, ita de
ea re jus dicunto, judicia recuperationes danto uti ii eos
recuperare possint* (1).

Plus tard les *recuperatores* furent chargés de juger les
questions relatives aux dommages résultant de violences et
querelles entre Romains et étrangers (2). Leur tribunal, à
la différence de celui de l'*unus judex* qui était pour les
seuls Romains, se composait ordinairement de trois membres (3).

Les *recuperatores* pouvaient être étrangers (4) et élus en
dehors des listes des *judices selecti,* en dehors aussi de
l'ordre des charges, ainsi que le dit Pline : « *nam ut recu-
peratoriis judiciis, sic nos in comitio, quasi repente appre-
hensi, sinceri judices fuimus* (5). » Et Sénèque : « *Dubi-
tavi utrum differente, an donec suus isti rei veniret locus,
jus tibi extra ordinem dicerem. Humanius visum est tam
longe venientem non detinere* (6). — Ils exerçaient les fonctions qui, dans d'autres causes appartenaient au *judex* et à
l'*arbiter*, et ils jugeaient les pérégrins d'après une formule
donnée par le magistrat, comme il ressort d'un passage de
Cicéron. — Il s'agissait d'une certaine Agonide de Lilybée,
qui pour éloigner un flibustier voulant lui enlever des ser-
viteurs avait dit : *se et sua Veneris esse.* « *Ubi hoc quæstori
Cecilio, — *dit Cicéron, — *viro optimo et homini æquissi-
mo, nuntiatum est, vocari ad se Agonidem jubet : judicium
dat statim.* « *Si paret eam se et sua Veneris esse dixisse.* »
*Judicant recuperatores id quod necesse erat, neque erat
cuique dubium quia illa dixisset., etc.* (7).

---

(1) *Plebiscitum de Thermensibus,* col. II, princ. ; Tite-L. XXXI, 48,
XLIII, 2. — *Cic. in Verr.* III, 13, 60. — Gaïus, Inst. IV, § 46, 105, 109. —
Bruns, *Fontes juris romani ant.* p. 125. — Haubold, *Monum. leg.* p. 137.

(2) Les jugements des *recuperatores* étaient rigoureusement exécutés,
car, outre que le seul fait de refuser de recourir à eux en cas de litige
aurait été un délit très grave, voici comment s'exprime Plaute à ce sujet.

<blockquote>
« *Si media nox est, sive est prima vespera,*
» *Si status condictus cum hoste intercedit dies,*
» *Tamen est eundum.* »
</blockquote>

(3) Laurent, op. cit., p. 154, en note.

(4) Il est probable, dit le professeur Catellani (op. cit. I, 19) que régu-
lièrement sur les trois juges, il y en avait au moins un étranger. C'est
là un des principaux exemples de ces garanties du droit international
auxquels l'Angleterre fut longtemps fidèle dans l'application de la péna-
lité contre les étrangers. En Égypte, on fait actuellement l'expérience de
ce mode dans presque toute l'étendue du droit civil.

(5) Pline, épist. III, 20.

(6) Sénèque, épist. 106. — Comba, op. cit. p. 83. — Zimmern, *Traité des
actions judiciaires chez les Romains,* p. 49.

(7) Cic. *Divin in Cecil.,* 17, — Saredo, op. cit., p. 40.

Mais soit que ces juges récupérateurs ne protégeassent pas suffisamment les droits et les intérêts des étrangers, soit que ceux-ci pussent difficilement faire valoir leur droit particulier de front avec le droit romain, soit encore que le grand nombre des étrangers à Rome rendit trop fréquentes leurs contestations entre eux ou avec Romains ; il fallut établir une autorité judiciaire spéciale. — D'après Giovanni Lido (*De magistr. romanis*, I, 34, 45), ce fut en l'an 507 de Rome que l'on créa le *prœtor peregrinus*, appelé à juger les procès des étrangers entre eux ou avec les citoyens Romains. « *Plerumque inter peregrinos jus dicebat ; inter cives et peregrinos jus dicebat* (1). » Il leur appliquait le *jus gentium (quasi quo omnes gentes utuntur)* (2) ou droit universel par opposition au droit civil national (*quod quisque sibi populus constituit*) (3) et un édit spécial (4) d'une procédure moins compliquée et plus expéditive.

---

(1) *Post aliquot deinde annos, non sufficiente eo prœtore (urbano), quod multa turba etiam peregrinorum in civitatem veniret, creatus est alius prœtor, qui peregrinus appellatus est ab eo quod plerumque inter peregrinos jus dicebat.* L. 2, § 18. D. de origine juris 1. 2. Voir aussi Titel., XXII, 35 — Théophile, *Inst. de jure nat.* § 7.—Maynz, I, p. 66, § 27.—Saredo. op. cit., p. 35. — Sciolla, op. cit., § 4. — Ortolan, *Hist. du dr. rom.*, I, 191.— Labatut, *Et. sur la société rom. Hist. de la préture.* Paris, 1868, p. 43.

(2) Isidore, Orig. v, 6. — Wolf, *Prolegomena in jus gentium,* § 16. — Moriani, *La filosofia del diritto nel pensiero dei giureconsulti romani,* p. 47 et s. Firenze, 1876. — Cic. de legibus, I, 5, 6. — Maynz, I, p. 126, § 33, note 10 ; § 39, n. 2.

(3) Nous lisons dans Cicéron (*de Off.* III, 17.) « *Itaque majores aliud jus gentium, aliud jus civile esse voluerunt. Quod civile non item continuo gentium ; quod autem gentium idem civile esse debet.* » Voir Trawers-Twiss, *Lectures on the science of int. Law,* 1856, p. 2 et 3.—Bearh Lawrence, *Comm. al Wheaton,* parte 1 vol. 1, p 99 et s .—Voigt, *Das jus naturale œquum et bonum und jus gentium der Rômer.* Leipsig, 1856-71 t. I, § 79-82, t. II, § 67.—Dinz, *Lehrbuch des Geschichte des Rômischen Rechts.* Erster th. 2 verm. Aufl. Leipzig, 1871, § 46. — Arabia, *Della storia di taluni principi del diritto internazionale europeo, nel* vol. II, p. 259, *degli Atti dell'Academia di scienze morali e politiche di Napoli.*—Capuano, *Origine, storia e progresso del jus gentium come parte del jus privatum dei romani.* Napoli 1875.

(4) Dans cet édit appelé *album prœtoris* se trouvaient indiquées les règles d'après lesquelles le préteur faisait connaître qu'il jugerait et les formules de procédure qu'il avait adoptées. Comme le fait observer Saredo, le préteur urbain avait commencé le premier à procéder ainsi et il continua. Plaute fait dire à Stasimus, un de ses personnages :

> *Mores leges perduxerunt jam in potestatem suam,*
> *Magis qui sunt obnoxiosi, quam parentes liberis*
> *Eœ miserœ etiam ad parietem sunt affixœ clavis ferreis,*
> *Ubi malos mores affigi nimio fuerat œquius.*

Et Ovide (Métamorph. I, v. 91 et s) dans sa description de l'âge d'or raconte que

> *............ nec verba minantia fixo*
> *Ære legebantur.*

Le préteur urbain et le préteur pérégrin ; le droit civil et
le droit des gens coexistant ainsi, exercèrent l'un sur l'autre une continuelle et salutaire influence. Le droit des gens
introduit, comme le dit Papinien, *adjuvandi vel supplendi
juris civilis gratia* (D. I, 1 *de inst. et jur.* 7, § 1), alla en élargissant chaque jour sa sphère bienfaisante ; le droit civil
renonça à ses formules égoïstes et intolérantes qui étaient
vraiment *juris iniquitates* (1) et se rapprocha de plus en
plus des règles faciles du droit des gens. La procédure suivie devant le préteur pérégrin amena ainsi des modifications sensibles dans celle du préteur urbain, jusqu'à ce
qu'enfin, le farouche droit quiritaire cédant aux exigences
du droit des gens, les édits des deux préteurs se confondirent et n'en formèrent plus qu'un seul, sous le nom de
jus honorarium (2). Bientôt après l'*orbis* absorba l'*urbs* et
comme nous l'avons indiqué, Caracalla, donna à tous les
sujets de l'empire le titre et les privilèges de citoyens.

Examinons maintenant brièvement la condition juridique
des étrangers après la dissolution de l'empire romain.

Lorsque les barbares se ruèrent sur les débris de cet empire auquel Horace avait auguré l'éternelle domination (3),
basant leur gouvernement uniquement sur la force des armes et ne se préoccupant que de consolider leur pouvoir,
ils permirent aux vaincus de conserver leurs lois dans
leurs rapports personnels. Ces lois ainsi que leur langue,
survécurent ainsi à la civilisation romaine comme des ponts
jetés par la Providence sur l'abîme des siècles pour que les
trésors de l'antiquité parvinssent jusqu'à nous.

Les barbares, observe sagement Manzoni, ne forcèrent
pas les Romains à adopter leurs lois parce qu'ils n'avaient
rien de préférable à substituer à l'organisation municipale
romaine. Du reste, les privilèges de la conquête sauvegardés, les relations entre conquérants et conquis, ainsi que
leurs modes devinrent indifférentes aux chefs. Leur aurait-il fallu faire une loi pour les vaincus? Dans les temps
modernes la souveraineté s'exerce avec la justice et l'utilité publique pour but ; mais telle n'était pas l'idée que
s'en faisaient les barbares. Pour eux, la souveraineté sur
les vaincus entraînait jouissances et privilèges sans aucune
charge (4).

---

(1) Gaïus, III, 25.

(2) Buscemi, premier chapitre d'un cours inédit de droit international
privé ; aux archives juridiques, vol. VIII, p. 333 et s.

(3) *Alme sol ....possis nihil urbs Roma. — Visere majus.* (*Carm.
sæcul.*)

(4) Manzoni, *Discorso storico sopra alcuni punti della Storia Longobardica in Italia,* cap. III.—Voir aussi Davoud Oghlou, *Histoire de la lé-*

De là, le principe de la personnalité des lois, en vertu duquel chaque peuple vivait selon sa loi propre. Comme le remarque Montesquieu, et avec lui Pardessus, ce qui contribua aussi au développement de ce principe, fut l'amour de la liberté, enraciné au cœur des Germains. Ces barbares, en quittant leurs retraites, infusèrent au monde antique un sang vierge, non encore corrompu ni dégénéré, les ardeurs de la vaillance guerrière et un esprit d'individualisme qui, comme un germe déposé par la Providence, devait, en se développant, enfanter l'amour de la patrie et le besoin d'indépendance (1). « J'en trouve l'origine (de la personnalité des lois) dit l'auteur de l'*Esprit des Lois*, dans les mœurs des peuples germains. Ces nations étaient partagées par des marais, des lacs, des forêts ; on voit même, dans *César*, qu'elles aimaient à se séparer ; et quand elles furent mêlées, l'indépendance subsista. La patrie était commune, et la république particulière ; le territoire était le même, et les nations diverses. L'esprit des lois personnelles existait donc chez eux, et ils le portèrent dans leurs conquêtes (2). »

Liutprand, roi des Lombards, par sa loi 91, en l'an 727, autorisa pour la première fois les particuliers à faire leurs pactes et conventions de tout genre, d'après la loi romaine, encore qu'elle ne fût pas la loi originaire des parties contractantes, pourvu qu'elles eussent manifesté aux scribes leur volonté de s'y soumettre. Dès lors les scribes durent-ils être versés aussi bien dans le droit romain que dans le droit lombard. — Lothaire, en 824, prescrivit formellement : *Ut cunctus populus romanus interrogetur quali lege vult vivere ; ut tali quali professi fuerint vivere velle, vivant. Quod si offensionem contra eamdem legem fecerint, eidem legi quam profitebuntur subjacebunt* (3). »

La personnalité des lois était encore et principalement reconnue en matière de succession, comme cela ressort de la loi 46 de Pépin, laquelle porte : « *Sicut consuetudo nos-*

---

gislation des anciens Germains. Berlin, 1845, t. i, p. cviii, 215. 300. 381, 451, 595. 639, t. ii, p. 189, 740 —Torrès Campos, op. cit. p. 79.— Stobbe, *Storia delle origine del diritto germanico.*—Eichorn, *Storia del diritto tedesco.*—Schupfer, *Istituzioni politiche Longobardiche*, p. 156.—Savigny, *Hist. du droit romain au Moyen-Age,* I, p. 164 et s.

(1) Catellani, *Op. cit.*, I, 21.

(2) Montesquieu, *Esprit des Lois*, vol. iv, liv. xxviii, chap. 2.

(3) Le clergé était donc jugé selon la loi romaine. — Le code ripuaire reconnut ce privilège..... *secundum legem romanam, qua Ecclesia vivit* (Tit. 58, § 1). Les Capitulaires le confirmèrent. — Lodovico Pio dit : « *Ut omnis ordo ecclesiarum secundum romanam legem vivat, et sic inquirantur et defendantur res ecclesiasticæ, ut emphyteusis unde damnum patiuntur, non observetur, sed secundum legem romanam destruatur.* » *Edicta Longobardorum,* c. 55.

*tra est, Romanus vel Longobardus si evenerit quod causam
inter se habeant, observamus ut Romani successionem eorum
juxta legem suam faciant. Et alii homines ad alios simi-
liter* (1).

Rappelons aussi la prescription de Guillaume Ier, qui se
trouve dans la charte de 1168, rapportée par Grégoire
(*Div. Sic.*, cap. 27) : *Latini, Grœci, Judœi et Saraceni,
unusquisque juxta suam legem judicentur.* »

Les lois des peuples germaniques étaient hostiles pour
les étrangers. C'était d'ailleurs une conséquence naturelle
de leur organisation politique.

Vico, l'immortel auteur de la *Science Nouvelle*, celui
dont les idées ont, dans toute l'Europe, envahi l'histoire et
la philosophie, a fait ressortir avec quel soin tous les peuples, dans leur âge héroïque, ont tenu les étrangers à distance. Mais, avant lui, Grotius, dans son bel ouvrage *De
jure belli ac pacis*, nous montre cette coutume en pleine
vigueur chez les Germains.

Ainsi que nous le rapportent César (*De bello Gallico*,
liv. VI), et Tacite (*De moribus Germaniœ*, cap. 16), les
Germains aimaient : *Quam latissimos circum se, vastatis
finibus, solitudines habere.* » Quand ils s'établirent dans les
provinces romaines, ils conservèrent leurs anciennes traditions, et considérèrent que l'étranger ne leur étant uni
par aucune relation de droit civil, ils ne lui devaient aucune
sorte de justice, à moins qu'il n'eût trouvé quelqu'un qui
répondît pour lui (2).

Tels étaient les principes qui dominaient dans les lois que
les divers peuples germaniques promulguaient dans les
pays conquis. — De cette manière, les étrangers, afin de
jouir de quelques droits, étaient généralement forcés de se
mettre sous la protection d'un hôte ou d'un patron. Comme
le remarque Sclopis, la recherche de tutelle ou de protection avait son fondement dans la *wadia* ou fidejussion, qui,
selon les constitutions germaniques, s'étendait à la nation
entière par les judicatures. Chaque judicature la recevait
des centuries ; les centuries de la décurie, et la décurie
de ceux de ses membres qu'avaient désignés les suffrages ;
en sorte que chacun répondait solidairement des autres.

---

(1) Muratori, *Rerum ital.*, Script. I, parte II, § 11 ; *Antiquit. Ital. Me-
dii Œvi*, Diss. XXII, t. II, p. 262.— Pertz, *Monum. Germ. hist.* etc. *Legum*,
I, II, III ; Hanovre, 1835, 1837, 1851, 1863. — Stobbe, *Hist. du droit
germanique*, vol. 1. — Canciani, *Leges Barbarorum antiq.*, præf., t. I.
— Eichorn, *Op. cit.*, p. 208.

(2) Lomonaco, *Op. cit.*, p. 17. — Stoïcesco, *Op. cit.*, 169. — Montesquieu, *Esprit des lois*, liv. 21, ch. 17. — Demangeat, *Histoire du droit
romain*, ch. 3.

Ainsi, on avait sa part dans les condamnations encourues, comme dans les compensations reçues par tout autre membre de la décurie. Chacun était, dès lors, intéressé à empêcher les délits, ou à poursuivre et arrêter les coupables. Voici comment ce système est expliqué au chapitre 20 des lois d'Edouard : « *Hæc securitas hoc modo fiebat ; scilicet, quod de omnibus villis totius regni sub decennali fidéjussione debeant esse universi ; ita quod si unus ex decem forisfecerit, novem ad rectum eum haberent ; si aufugeret..... capitalis de friborgo..... si duodecimo existente, purgaret se et friborgum suum si facere posset, de forisfacti et fuga supradicti malefactoris. — Quod si facere non possit, ipse cum friborgo suo damnum restauraret.* »

L'étranger qui ne se mettait pas sous la protection d'un hôte ou d'un patron, pouvait être chassé du pays, ou même arrêté et vendu comme esclave : « *Peregrinum qui patronum non habebat, vendebant Saxones,* » dit Meginardo, historien du neuvième siècle (*Translatio Sancti Viti,* c. 13)... Un autre document porte : « *Et ad majorem securitatem fovendam, ordinavit insuper et præcepit quod nullus extraneus in forinsecum capitis villæ aut in suburbio hospitetur, nisi hospes ejus pro eo voluerit respondere* » (*Fleta,* lib. i, c. 24, § 4). »

. Le meurtre d'un étranger qui n'avait pas les protections que nous venons d'indiquer, n'était passible d'aucun *guidrigildo* (1) (*pretium hominis*), mais d'une simple amende (*fredum*), laquelle, à défaut de parents, revenait au roi : « *Peregrino,* portait la loi des peuples de Bavière (tit. 3, § 14), — *si viventem reliquit, omnia injuria quod fecit ei vel quod tulit, dupliciter componat, sicut solet unum de infra provincia componere. Si autem non occiderit, centum solidos, auro adpreciatos, cogatur exsolvere ; si parentes desunt, fiscus accipiat et pro delicto hoc pauperibus tribuat* (2). »

Dans le but d'adoucir autant que possible des lois aussi sévères, quelques peuples germains avaient consacré législativement la coutume suivante. On regardait comme garant et protecteur tout Germain libre qui accueillait un étranger, lequel était désigné sous le nom d'*advena, gar-*

---

(1) Ce mot est composé de *Geld* et de l'ancienne racine *Wer*, analogue au terme latin *Vir.* Fustel de Coulanges, *Histoire des Institutions de l'ancienne France*, 1re partie, *Du Verdgeld.*

(2) Rosenhand, *De jure transeundi per territoria*, p. 25 et suiv. — Saredo, *Op. cit.,* p. 61. — Morpurgo, *Nell Archivio guiridico,* vol. ix. fas. 3, p. 253. — Muller, *De jure transitus per alterius territorium.* — Streit, *De transitu noxio et innoxio per alienum territorium.* — Minier, *Droit coutumier,* p. 89.

gangus ou *peregrinus;* et le protecteur sous celui de *recommendatus, affidatus* et quelquefois *oblatus.* — Les Anglo-Saxons avaient, à l'égard des étrangers, un proverbe dont voici la traduction latine : « *Duabus noctibus hospes, tertia nocte familiaris habendus est* (1). » Ce proverbe devint une loi : « *Si quis advenam tribus noctibus hospitio exceperit in propria sua domo, mercatorem aut alium qui extra limites advenerit, et eum sibi cibo aluerit, et istum alicui malefecerit, ipse alterum illum judicium sistat, aut rectum perdat.* » — *(Leg. Ang., Chlotarii in Adv.,* § 15).

Les rapports entre nations diverses augmentant, on comprit que la simple hospitalité privée avait un caractère trop incertain et difficile; le roi voulut protéger lui-même les étrangers, et il devint ainsi leur *mundualdo* (2).

En retour, l'étranger payait un impôt, et le roi touchait, le cas échéant, son *guidrigildo.* Mais la conséquence la plus importante de cette protection, appelée *mundiburdium,* était le droit d'*albinaggio* (aubaine) (3), qui fut ad-

---

(1) *Twa night gest, thrid nigt agen (Tvee nachten gast, derde nacht eigen),* ce qui signifie : étranger pendant deux nuits, ami la troisième.

(2) Schupfer, *Istituzioni politiche Longobardiche.* Firenze, 1863, p. 234-240. — Morpurgo, loc. cit., p. 254. — Saredo, op. cit., p. 60.

(3) Les opinions des écrivains sur l'étymologie du mot *albinaggio* ou *albinato,* sont très variées. Ainsi, Cujas le fait dériver d'*advena,* qui, en latin, signifie étranger ; Nicot (*Trésor de la langue française tant ancien que moderne*), le fait venir de l'ancien verbe *hober,* qui exprimait l'acte de transporter sa personne ou quelque objet d'une localité à une autre ; Ducange (*Glossarium ad scriptores mediæ et infimæ latinitatis,* v. Album), du mot album qui désignait généralement les registres des offices publics et celui sur lequel étaient inscrits chaque année les noms des étrangers ; Laurière, dans ses notes sur Ragueau; Rossi (*Encyclopédie du Droit,* v. Aubaine); Dalloz (*Rép. de jurispr..* v. Droit civil, n° 2 ; Demangeat (*Tradition des étrangers en France,* n.° 23, p. 67 et suiv.), et Sapey (*les Etrangers en France,* p. 52), le font dériver d'*albanus,* nom donné anciennement aux Ecossais, célèbres alors par leur manie de voyager. « Les Scoto-Bretons, dit Ware (*Antiquit. hybernic.,* cap. LXXVII), que les Irlandais appellent vulgairement *Albanos.* — Ménage (*Diction. étymol.;* Macri (*Teorica del diritto internazionale,* I, 525); Pertile, Dragoumis et autres, de ces mots latins : *alibi natus,* né ailleurs. Cette opinion est peut-être la meilleure ; c'est, du moins, la p'us généralement adoptée aujourd'hui. Voir, en effet, les dictionnaires de Merlin, de Chasles, de Melano di Portula et de Vigna Aliberti au mot Albinage ; Bodin (*de Rep..* I, IV, p. 98); Bacquet (*Droit d'aubaine*); Binder (*De jure albinagii*); Velpicella (*Del diritto d'allinaggio,* p. 21); Gaschon (*Code diplomatique des Aubains.* p. 137 et suiv.); Cibrario (*Economie politique du moyen âge.* p. 192); Lomonaro, op. cit., p 21); Bonald (*Sur le droit d'aubaine*); Schoenlaub (*Dissert. de jure albinagii*); Grinsar (*De jure albinagii*); Frankenstein (*De jure albinagii in Germania*); Gama (*Dissertation sur le droit d'aubaine*); Jonge (*De jure albinagii*); Dithmar (*De jure albinagii præcipue in Germania*); Cramer (*Dissert. sur le droit d'aub.*); Rouville (*De j. albinatus*); Braun (*De usu juris alb. in Prussia*); Schumann (*Dissert. de j. alb.*); Eisenhard (*De j. alb.*); Pestel

mis dans toutes les constitutions politiques et que l'on peut dire à peine complètement aboli de nos jours. En Belgique, il l'a été en 1865, et en Angleterre à peine en 1870 (Beach Lawrence, *Commentaires sur les éléments de droit international et sur l'histoire des progrès du droit des gens de Wheaton*, t. III, p. 81 et suiv. Leipsig, Brockhaus, 1873.)

En vertu de ce droit qui, à l'origine, se trouve dans la législation barbare, puis passa dans le système féodal pour devenir ensuite dans la monarchie « un fleuron de la couronne royale, » en vertu de ce droit, le roi recueillait, à l'exclusion de tout autre, la succession de l'étranger non naturalisé. Il héritait aussi de l'étranger naturalisé qui n'avait disposé de ses biens ni par acte entre-vifs, ni par testament, ou dont l'héritier n'était ni citoyen du pays, ni naturalisé. Enfin, dit Macri (op. cit., p. 525), le roi héritait de ceux de ses sujets qui avaient renoncé à leur pays et s'étaient établis dans un autre Etat.

Quelques auteurs modernes ont prétendu défendre ce droit que Montesquieu (*Esprit des lois*, XXI, 17), qualifie avec raison d'insensé, non seulement parce qu'il manque de fondement juridique, mais en même temps parce qu'il est contraire au bien de la communauté civile. — Barols, par exemple, dit que tout étranger qui a une affaire juridique dans le pays a les mêmes obligations qu'un sujet ordinaire. Il en tire la conséquence, peu logique, selon nous, qu'un étranger ne peut laisser, à ses parents étrangers comme lui, les biens qu'il a dans le lieu où il habite provisoirement, si une loi du souverain interdit aux étrangers d'acquérir des biens dans l'Etat par voie d'héritage. — Nous dirons, avec Basalini (op. cit., p. 140), que nous comprenons parfaitement qu'un gouvernement, à raison du *dominium* qu'il a sur son territoire et sur tout ce qui s'y trouve, interdise aux étrangers d'y acquérir des biens: Mais, du moment que cette faculté a été accordée, nous ne nous expliquons pas comment on peut, avec justice, ôter au propriétaire le droit de disposer de ses biens et les confisquer après sa mort.

Lorsque, la féodalité se développant, la puissance royale, réduite à une puissance de raison, se démembra au

(*De usu practico alb. præcipue in controversiis imperii publicis*); Bourste (*De j. alb.*); Monglas (*Dissert. de origine et natura j. alb. in Gallia*); Hackmann (*Dissert. de alb. j.*); Saredo (op. cit., II, § 2); le Dr Stoïcesco (op. cit., p. 180 et 181) ; les *Ore Solitarie*, giornale de P.-S. Mancini, 1845, n° 209, 292, 341, 456. ainsi que les œuvres de Cauciani. Troya, Muratori, Denizart, Demangeat, Renault, Catelle, Rodière, Catellani, etc.

profit des seigneurs, la charge de protéger les étrangers, avec les avantages qui en résultaient, passa à ceux-ci. Dès lors, la position des étrangers devint bien plus pénible qu'auparavant, les seigneurs se montrant pour eux uniquement des patrons et non des protecteurs.

Chaque baron, dit Beaumoir, était roi dans sa seigneurie. Pour se procurer de l'argent, il recourait aux gabelles et en établissait partout ; aux confins de son fief, chaque route, chaque pont, chaque porte était à péage et les voyageurs ou les marchandises, étaient contraints d'user de ces passages même sans nécessité. Ces prescriptions vexatoires mettaient obstacle au développement du commerce et maintenaient les divisions, déjà si favorisées par le morcellement excessif du territoire (1).

En entrant dans le domaine d'un feudataire, l'étranger devait le reconnaître pour son seigneur, et, comme le dit Beaumanoir (Coutume du Beauvaisis, ap. Brocher), il était sous sa domination, couchant et levant. — S'il y demeurait trente ans, il devenait sa chose, et comme les lois étaient alors dignes des temps et de ceux qui les faisaient, les trente ans furent réduits à un an et un jour (2). Nous trouvons dans une Charte de 1164 : « *Et præterea, sciendum quod omnes homines qui in villa de Orons morantur per unum annum et diem unum debeant facere omnia usuaria quæ pertinent ad Monasterium Sancti Mauritii et ad advocatum* (3). » L'étranger qui avait quitté un fief où il s'était fixé, pouvait être poursuivi et revendiqué, *tamquam jure dominii* : « *Albanos vestigare et sequi possunt domini quorum primitus et ab origine incolæ sunt, hoc est revocare in patriam* (4).

L'étranger ne pouvait se marier sans le consentement de son seigneur, et après sa mort, ses biens revenait à celui-ci, à moins que, moyennant un legs en sa faveur, il ne l'eût autorisé à disposer de ses biens. Le droit de naufrage (*jus naufragii*) dérivait de ce principe par lequel un baron avait plein pouvoir sur les personnes et les choses se trou-

---

(1) Il nous suffit de rapporter ce qu'atteste Joppi ; c'est qu'à Gemona et Venzone, terres du patriarchat d'Aquileja , les marchands devaient décharger leurs marchandises et s'arrêter toute une nuit ; cette mesure vexatoire était qualifiée de *Niederlag.* — Joppi, *Notizie della storia di Venzone.* — Morpurgo, loc. cit., p. 264. — Winspeare, *storia degli abusi feudali* (Napoli 1811.)

(2) Massé, *Le droit commercial dans ses rapports avec le droit des gens et le droit civil*, p. 382 ; Rotteck und Welcker, Staatslexikon at Gastrecht.

(3) Cibrario, *Economie politique du Moyen-Age*, I, c. II. — Saredo, op. cit., p. 61.

(4) Charta Mathildis. Dom. Ten. Mond.

vant dans leurs terres. Ce droit inique et barbare lui donnait la possession des personnes et des choses jetées sur
les côtes par la tempête. « *Neque dumtaxat naves ipsæ frac-
tæ et naufragium passæ, resque in iis contentæ dominorum
erant ; sed et homines ipsi qui in iis vehebantur ; adeo ut
per vim caperentur, et persoluto pretio, a captivitate libe-
rari cogerentur* (1). On connaît l'exemple d'Harold, fils de
Godwin, allant en Normandie en 1065 et que les vents
poussèrent jusqu'à l'embouchure de la Somme, sur les
terres de Guy, comte de Ponthieu. En vertu du *jus naufragii*, Guy le fit dépouiller et enfermer avec ses compa-
gnons. Guillaume, duc de Normandie le réclama avec me-
naces, sans parler de rançon : Guy ne tint aucun compte de
ces réclamations et ne céda son prisonnier que devant
l'offre d'une somme considérable avec bonne garantie.
C'est ainsi que le duc de Normandie eût en son pouvoir le
fils de Godwin, et put lui faire jurer sur les reliques des
saints de l'aider à s'emparer de l'Angleterre après la mort
d'Edouard.

Malgré les dispositions humaines et équitables du droit
romain (2), ce droit barbare, introduit en ces temps farou-
ches par la plus odieuse cupidité, s'étendit dans presque (3)

---

(1) Ducange, *Glossarium,* v. Lagan. — Vattel, *Droit des gens,* liv. I,
ch. 293, « 293. — Puffendorf, *Jus nat. et gent.,* lib. II, c. 6 » 8.

(2) *Si quando naufragio navis expulsa fuerit ad littus,* dit la sagesse
romaine par la bouche de l'empereur Antonin le Pieux, *vel si quando aliquam terram attigerit, ad dominos pertineat, fiscus meus sese non inter-
ponat. Quod enim jus habet fiscus in aliena calamitate, ut de re tam luc-
tuosa compendium sectetur ?* (L. 1, 5, *de naufragii,* XI, 5). Et dans un autre texte, nous lisons. « *Qui rem in littore jacentem postea quam factum
est abstulit, in ea conditione est ut magis fur sit quam hoc edicto tenentur* (Ulp. 3 Dig. — *De incendio, mina. naufragio). — Si major pœna vi
ad petita videbitur, liberos quidem fustibus cæsos, in triennium relega-
bis; aut si sordidiores erunt, in opus publicum ejusdem temporis dabis;
servos, flagellis cæsos, in metallum damnabis* «(Ed. Ant.) — *Alio sena-
tusconsulto cavetur eos quorum procede aut consilio naufragi suppressi
per vim fuissent ne navi vel iis periclitantibus opitulentur, legis Corne-
liæ quæ de sicariis lata est pœnis adficiendos* (Ulp. 3 § 8, Dig. de inc.

(3) Signalons une très noble exception ; jamais en Espagne le *ius
naufragii* ne fut admis. « *Si nave, o galea, o otro navio qualquier peli-
grare, o quebrare, mandemos quel navio, é todas las cosas que en él
andaban, sean de aquellos cuyas eran antes que el navio quebrare ; é
ninguno no sea osado de tomar ninguna cosa dellas sin mandado de sus
duenos, fuera si los tomare para guardar, é darlas à sus duenos ; y ante
que las tome en esta guisa, blame al Alcade del Lugar, si lo haber pudiere
y otros buenos, y escribanlas, é guardenbas todas por escripto, é por
cuenta, é de otra guisa no sean osados de las tomar , e quien de otra
manera las tomare, péchelas como de furto, ete,* (Ley 1ª, tit. 25, libro 4°,
del Fuero Real). Voir aussi Ley 7ª, tit. 9, Partida, 5. Ce texte n'est pas
moins énergique et se termine ainsi : « *..... Non tenemos por derecho que
las casas que los ames pierden por ocasion de tal maladança, que las pueda*

toute l'Europe (1).

Cette triste situation des. étrangers ne pouvait durer, et elle ne dura pas longtemps, grâce à l'influence si douce et si efficace des doctrines éminemment humanitaires du christianisme. (Dourin, du Stoïcisme et du christianisme, Paris 1863, p. 142). Il se répandait tous les jours davantage, insinuant et entretenant dans les esprits avec la force de son autorité et le prestige de son noble apostolat, ce sublime précepte de l'égalité des peuples. Et en rehaussant ainsi la dignité humaine il préparait ces conquêtes pacifiques de la raison, qui devaient avec le temps, traduire en fait positif social la liberté civile.

L'égalité de tous les hommes sans distinction de patrie, de races, de lois et de coutumes, l'amour fraternel entre tous,

---

ninguno tomar. por costumbre, nin por privillejo que aya ; fueras ende, si tales cosas fuessen de los enemigos del Rey o del Reyno.

Consulter également les travaux de Capmany. (*Codigo de las costumbres maritimas de Barcelona*) ; — d'Olivares Biec (*Tratado en forma de codigo del derecho international*); — d'Estelban Ferrater (*Manuel de la legislacion espanola sobre extranjeros*); — d'Hernandez Iglesias; (*Beneficencia internacional*); de Fernandez Duro (*Nociones de derecho internacional maritimo*). De même les autres travaux de droit international, publiés en Espagne par Négrin, Torrès Campos, Chone de Acha, Quiroga Cervera, Landa, Riquelme, Arenal, Lopez Sanchez, Pando, etc.

(1) On pourra consulter à ce sujet : d'Alewijn (*De jure rerum naufragarum*); Balck (*De navi in naufragio rupta*); Beekestein-raket (*Dissert. de jure circa res naufragas*); Bergio (*Die Polizei und Cameralmagazin*. Th. VIII, art. Strandrecht); Binkhorst (*De jure rerum naufragio in littus ejectarum*); Boey (*De jure circa res naufragas*); Busch (*Darstellung des in den nordlichen Gewassern ublichen insonderheit des Schleswig-Holstein Strandrechts*); Cancrin (*Abhandl. vom dem Strandechte, in s. Abhandl. vom dem Wasserrechte,* Th. III, Abh. XIII); Caroc (*Dissert. de tempestate*); Dreyer (*Spec. juris publici Lubecencis, quo pacta conventa et privilegia quibus Lubecœ circa inhumanum jus naufragii, Strandrecht est prospectum recensuit*); Engelhard (*Dissert. de jure occupandi bona naufragorum*); Ericius (*Dissert. de jurisdictione littorali*); Forstenius (*Dissert. de bonis naufrag.*); Gertesius (*Dissert. de naufragiis et naufragorum juribus*); Gottofredus (*De imperio maris et jure naufragii colligendi*); Greilich (*Von Strandrecht*); Kaykens (*Dissert de derelicto*); d'Ihrias (*Dis. hist. brevis juris Vareehi*); Kellinghausen (*Dis. de discrimine tempestatis maritimœ*); Kempfer (*Dis. de jure appulsus von Strand — Ruhr — und Grundrechte*); Langlet (*De la législat. anglaise en matière de naufrage*); Mereau (*Von den ehemals auf der Weser ausgeublen Strandrechte, — in s. Miscellaneen zum deutschen Staats und Privatrecht,* Th. I, abh. XIII); Mivell (*De naufragio et de jure naufragiorum*); Mylius (*De jure littoris*); Rainuzio (*Liber singularis de jure littoris*); de Riemer (*Dissert. de naufragiis*); de Sain (*De rebus naufragis*); Selden (*Dissert. de subversione navium*); Scheele (*Dis. de jure naufragii colligendi*): Schuback (*Vom Rechte des Strandes*); Schultze (*Dissert. de jurisdictione littorali*); Stein (*Dis. de bonis naufragorum*); Stoop (*Dis. de jure littorum*); Waga (*Von der Unbilligkeit des Strandechts*); Wildvogel (*Dis. de eos quod justum est circa tempestates*), etc.

amour qui console le vaincu, adoucit le vainqueur et apporte un élément nouveau à l'idéalité grecque réfugiée à Bysance (1), le pardon des offenses à la place de la vengeance, le respect de la personne et du bien d'autrui poussé au point que le seul désir en est considéré comme une faute, voici les maximes et les commandements du christianisme. Et le christianisme pouvant donner aux hommes et aux nations à un degré éminent la conscience de la solidarité de la patrie avec l'humanité, n'ayant d'autres limites que celles de l'univers, devait créer un moyen de communication et de multiplication, qui pût s'étendre jusqu'aux derniers rivages, produire une civilisation cosmopolite et embrassât, sans les confondre, toutes les nations du monde (2).

Le *Jus naufragii*, condamné avec une courageuse initiative par Sicardo, prince de Bénevent dans un capitulaire de 836 (3) et par une loi romaine à Udine au même siècle (4), fut solennellement interdit par l'église, et spécialement par le concile de Latran (1079) : « *Quicumque naufragum et illius bona invenerit, secure tam eum quam omnia sua dimittat* (5).

Le mouvement ne tarda pas à s'accentuer ; le doge Malipiero (6), la république de Pise (7) et la plupart des gouvernements civilisés (8) firent des lois dans ce sens. Celles

---

(1) Toute la philosophie des Pères de l'Eglise, écrit Bertini *(La filosofia prima di Socrate*, p. 321, note 8) une grande partie de la théologie et toute la scolastique, ne sont autre chose qu'un effort grandiose poursuivi pendant des siecles pour appliquer la philosophie grecque au développement et à l'éclaircissement de la doctrine chrétienne.

(2) La religion de l'Evangile, dit Tertullien, doit former de tout le monde une seule république : *unam omnium Rempublicam agnoscimus, mundum* (Tertull. Apol. 39). Et avant lui saint Paul : « *Non est Judæus neque Græcus : non est servus, neque liber ; non est masculus, neque femina. Omnes enim vos unum estis in Christo Jesu* » (Epist. ad Galat, III, 28).

(3) *Sicardi principis pactio cum Neapolitanis in quinquennium facta* (Perz. Leg. IV, 216-221). Voici le passage : « *Ut si peccato faciente, navis rupta fuerit, res quæ in ea inventæ fuerint eis reddantur cujus fuerint et cujus sunt ; homines autem inlæsi ad propria sua revertantur.*

(4) Cette loi, protestation de la conscience juridique contre une grande iniquité, conscience formée peu à peu par les écrits des philosophes et les chants des poètes ; cette loi qui, comme le capitulaire de Sicardo, honore l'Italie, est mentionnée dans un article bibliographique de la nouvelle Ontologie de Rome, vol. XXXII, (LXI du Recueil), fascic. IV, p. 368, sur notre monographie intitulée : *Cenni storico-giuridici sulla condizione civile degli stranieri.*

(5) *Sclopis, Storia della legislazione italiana*, I, 197.

(6) *Statuta Venetorum* (Venet. 1729) II, p. 262.

(7) *Constituta legis et usus Pisanæ civitatis, vol. II, degli statuti inediti di Pisa raccolti dal Bonaini* (Firenze 1869-70.)

(8) Voyez Martens, *Précis du droit des gens*, 154, avec les notes de Vergé.

des empereurs Frédéric I et Frédéric II méritent une mention spéciale, le dernier notamment ordonne : *Ut omnes quibus facultas erit succurrere talibus in tantœ necessitatis articulo constitutis sine mora et occasione aliqua subvenire cum his, quœ ad incidentes casus necessaria viderint, pro posse festinent. — Negligentes autem, si probata causa legitime se nequiverint excusare, unius Augustatis pœna mulctandos esse censemus* (1). Le même Frédéric II établit pour les Viennois « *Quandocumque aliquis Viennensium civium naufragium incurrerit, res suas quas ab impetu torrentis manus hominis asportavit, libere possit repetere et habere a quolibet detentore, cum indignum penitus censeamus immisericorditer reliquias naufragii detineri per hominem, quibus rapacis fluminis unda pepercit* (2). ·

Le concile de Latran décida encore qu'on excommunierait celui « *qui christianos naufragium patientes (quibus secundum regulam fidei auxilio esse tenentur) damnata cupiditate spoliant rebus suis.* » (V. Decret, cap. III, lib. v, tit. 17). Et grâce à la civilisation croissante de l'Europe, à l'absurde et barbare droit de naufrage, fut substitué le droit de sauvetage. On éleva de grands phares éclairant les passes dangereuses, on établit des corps flottants, signalant les endroits dangereux ; enfin, dans les ports, on organisa des pilotes pour diriger les navires au travers des bas-fonds et des bancs de sable.

Pour ce qui est du droit d'aubaine, le même Frédéric II, promulgua le jour de son couronnement la disposition suivante, qui n'est autre que la célèbre Authentique inscrite par Imeno, le fameux restaurateur de l'étude du droit romain à Bologne, dans le Code Justinien au titre : *Communia de successionibus* : « *Omnes peregrini et advenœ liberi hospitentur ubi voluerint. — Et hospitati, si testari voluerint, de rebus suis liberam ordinandi habeant facultatem, quarum ordinatio inconcussa servetur. — Si vero intestati decesserint, ad hospitem nihil perveniat, sed bono ipsorum per manus episcopi loci, si fieri potest, heredibus tradatur Hospes vero, si de bonis talium aliquod contra hanc nostram constitutionem habuerit, triplum episcopo restituat, quibus justum fuerit assignandum, non obstante statuto aliquo aut consuetudine, seu privilegio, quœ hactenus contrarium inducebant. — Si qui autem contra prœsumpserint,*

---

(1) *Constitutiones regni Siciliœ*, lib. I, tit. **XXIX**. *De suscipientibus aliquid de naufragiis vel incendiis.*

(2) Charta ann. 1237, *apud Lambec*, lib. II. *Comment ad Biblioth. Cæsar.*, p. 81.

de rebus suis, testandi interdicimus facultatem, ut in hoc puniantur in quo delinquerunt alias prout culpæ qualitas puniendo. »

Le pape Honorius III, déclara obligatoire pour tous les chrétiens cette prescription aussi sage qu'humaine, et menaça de la colère de Dieu ceux qui y contreviendraient. Malheureusement toutes les nations ne lui obéirent pas et chez quelques-unes, en France par exemple, le droit d'aubaine subsista jusqu'à des temps peu éloignés.

III.

Les Communes (1) exercèrent une grande influence sur le traitement et la situation juridique des étrangers.

Afin de s'accroître, en effet, elles se mirent à l'envie à offrir leur protection et à accorder toutes sortes de faveurs aux étrangers qui venaient s'établir dans leur territoire. On alla jusqu'à leur garantir l'immunité pour les dettes contractées par eux dans d'autres communes.

Cette singulière protection, qui fait songer à l'origine légendaire de Rome ne manqua pas de provoquer des représailles. Ainsi la commune de Bologne accorda cette immunité aux habitants de tous les pays qui, recevant chez eux des Bolonais, les avaient déclarés libérés de leurs dettes, *Cum juri sit consonum*, portait l'édit, *quod illud jus quisque in alium statuerit in se patiatur* (2).

Attirés par ces avantages et par la sécurité qu'offraient les communes, beaucoup de gens de la campagne y émigrèrent, surtout les serfs fugitifs, car l'an et jour de résidence, qui selon le droit féodal était le titre et la base du servage, dans les communes au contraire conférait la liberté (3).

D'autre part, les cités fondèrent des bourgs francs, dont les noms de Villefranche, Castelfranco, etc., conservent encore le souvenir. C'étaient des asiles ouverts à tous ; l'éten-

---

(1) On sait que ce sont les invasions des Hongrois et des *Sarrasins*, (Pour l'origine de ce mot, consulter Amari, chap. II, et Pierantoni, op., cit. I, 458), au IXe siècle qui furent la principale cause de l'organisation des communes. Les princes et les barons furent en effet, contraints de permettre aux cités de relever leurs antiques murailles et de se fortifier. Puis elles profitèrent de ce que la querelle des investitures absorbait toutes les pensées des princes, pour se constituer un gouvernement personnel, propre et indépendant.

(2) Saccus, *Stat. civ. et crim. civ. Bononiæ*, 1735, I, 131.

(3) Morpurgo, *loc. cit.*. p. 265 ; — Saredo, op. cit., p. 80 ; — Grimm, *Rechtsalterthümer*, p. 337 ; — Manzoni, *Bibliografia degli statuti, ordini e leggi dei municipii italiani*; parte I.

3

dard de la liberté y était arboré, qui allait s'y fixer devenait libre et acquérait de nombreux privilèges. C'est ainsi que Verceil qui en cent cinquante ans fonda jusqu'à vingt-deux bourgs francs, promettait à ceux qui iraient habiter Piverone « *illam auctoritatem et illam franchitatem et illam honoranciam quam habent cives romani* (1). » De même, Pise concédait de semblables franchises à ceux qui se fixeraient à Porto Pisano, Vignale, etc.

Les législations statutaires, dans lesquelles l'érudit retrouve à la fois des réminiscences du droit romain, des coutumes particulières et le premier jet des réformes populaires, législations qui non seulement historiquement, mais encore pratiquement, ont influé sur la jurisprudence moderne (2), contenaient cependant quelques dispositions peu favorables aux étrangers. D'après les statuts italiens par exemple, il suffisait en général à l'étranger pour acquérir le droit de cité de s'établir dans la ville, de payer les impôts, de s'engager par serment à soutenir la *gilde* ou *campagna*, association pour la défense commune, enfin d'obéir aux lois et aux magistrats (3). Mais il était très rare qu'on admît les étrangers au conseil municipal, au barreau, ou parmi les juges.

En ce qui touche la famille, les statuts étaient très rigoureux.

Beaucoup prohibaient absolument le mariage d'une femme de la commune avec un étranger qui n'y était pas domicilié. D'autres, comme ceux de Bergame et de Modène, permettaient ces mariages, mais les femmes, qui les contractaient devaient payer une forte somme ou abandonner une partie déterminée de leurs biens soit à leurs plus proches parents, soit à la Commune.

La fidéjussion d'un citoyen pour un étranger en dehors de conditions spéciales n'était pas considérée comme valable, de même un étranger ne pouvait cautionner un citoyen. Enfin il était interdit de lui prêter ou de lui emprun-

---

(I) Cibrario, op. cit., p. 94; — Morpurgo, loc. cit., p. 265.

(2) Alianelli, — Amante, — Berlan, — Bolani, — Bonaini, — Capasso, — Caravita, — Cibrario, — De Padova, — Ferro, — Gar, — La Mantia, — Lammanis, — Macchiaroli, — Morbio, — Petroni, — Sclopis, — Valsecchi, — Volpicella, etc., ont écrit sur les législations statutaires.

Les principes fondamentaux des lois statutaires qui suivant l'expression de Voet, ont donné lieu à tant d' « *intricatissimœ, ac prope inexplicabiles controversiœ,* » étaient les suivants : « *Statuta in non subditos juridictioni statuentium disponere non possunt.* » (Bartolus, *in L. Cunct, pop. C. de Sum. Trit.)* « *In decisivis debet quis judicari secundum leges patriœ suœ, licet fiat processus secundum statutum loci in quo judicium ventilatur.* » (*Mars., in L. alt.* § 53. *De jurisdict)... Civis legatus est etiam extra territorium statuto patriœ.*

(3) Morpurgo, loc. cit., p. 268; — Rosa *Feudi e communi*, art. XVII.

ter à intérêt hors de la ville et de faire des payements en monnaie étrangère.

Il était également interdit de prêter des navires pour les étrangers ou de leur en vendre (1) et de former avec eux une société commerciale. Les droits d'entrée étaient plus élevés pour eux et en matière commerciale il existait à leur encontre d'autres dispositions vexatoires. Ainsi à Venise ils ne pouvaient exercer le commerce ; les navires devaient être construits à Venise, commandés et montés par des Vénitiens, chargés de marchandises pour le compte et sous le nom de négociants vénitiens. Les droits d'entrée étaient réduits de moitié s'il s'agissait de Vénitiens.

Les délits des étrangers étaient frappés de peines plus rigoureuses, ceux des citoyens à leur encontre l'étaient de peines plus douces que ceux de citoyen à citoyen.

Les étrangers qui n'obtenaient pas le droit de cité, on qui au moins ne s'établissaient pas dans la Commune avec leur famille, ne pouvaient acquérir ni immeubles (2), ni droit d'usufruit ou d'emphytéose (3) ; ils ne pouvaient non plus donner des immeubles à bail ni aliéner des rentes annuelles (4).

Les avocats et les notaires ne devaient point donner de consultations aux étrangers en procès contre citoyens (5). — Un citoyen ne pouvait être arrêté sur une plainte d'un étranger ; pas même, selon le statut de Lucca (*Lucensis civ. stat.*, p. 61 et 68), s'il y avait lieu de craindre qu'il ne prît la fuite.

---

(1) *Giur. per la comp. di Genova*, 1161 ; — *Decr. del Sen. Ven.*, 1363.

(2) Massé, op. cit., p. 387 ; — Pertile, op. cit., p. 275 ; — Morpurgo, op. cit. p. 273.

(3) S. Bon., 1250, VI, 7. «*Nullus in confinibus nostri episcopatus habeat possessiones terrarum, eas alienet alicui qui non sit de nostro districtu ; — nec in causa matrimonii, vel ex causa alia, vel jure, vel ratione perveniat possessio, quæ sit in confinibus vel citra, ad aliquem qui non sit de nostro districtu ; et si contrafecerit, res in communi publicentur, et tantumdem de suo ei auferatur.* » — S. Luc. 1308, IV, 73. « *Nullus lucanus civis possit vendere vel transferre ita quod dominium vel possessio transferatur, aliqua sua bona, quæ habet in civitate luc. fortia et districtu, et sex miliaris alicui forensi et non subjecto jurisdictioni luc. communis.* » Cfr. Stobbe *Zeitschrift für* R. G. VIII, 432 ; — Morpurgo, loc. cit., p. 268 et 269.

(4) Br. pis. Comm. I, 179. « *Non permictemus aliquam personam pis. civitatis vel districtus vendere, donare vel in emphyteosi dare vel concedere aliquod castrum, seu jurisdictionem aut terras, possessiones bona immobilia infra distr. pis. alicui non nostri districtus absque voluntate antianorum* — Id. 1213, I, 229. Stat. Montiscalerii L, mun., p. 1468 ; — *Nulla persona de Mont. possit vendere....... aliquam fortaliciam, domos, possessiones quæ haberet in Mont. seu posse et jurisdictione dicti loci in aliquim continuo in Mont. personam quæ non habitaret cum foro et catena et sua familia.* »

(5) Sismondi. *Storia delle republiche italianæ dei secoli di mezzo*, p. 21 et s. ; — Morpurgo, loc. cit., p. 276 ; — Pierantoni, op. cit., I, 739.

Le système des représailles, application de la loi du talion était consacré comme principe de droit international. On peut dire qu'il découlait tout naturellement du droit de guerre, droit exercé jusqu'alors par les seigneurs, et le professeur Pierantoni (op. cit., I, 409) remarque qu'il fut admis dans les législations des communes non seulement par imitation, mais encore par l'introduction des éléments germaniques dans les villes.

En vertu de ce système, tout citoyen était responsable des fautes de sa commune et de chacun de ses concitoyens (1).

Quand le citoyen d'une Commune, dit Pertile (2), avait été lésé dans sa personne ou dans ses biens par un citoyen d'une autre Commune, ou quand il ne pouvait obtenir l'accomplissement d'un engagement, il s'adressait à sa propre Commune, laquelle, par lettres d'abord, puis par députés, demandait satisfaction. Si ces réclamations demeuraient sans résultats, le Grand Conseil ou le prince accordait à l'offensé, sur sa demande, les représailles ou lettres de marque, appelées aussi lettres de change. En vertu de ces lettres, tout ce que l'offensé ou ses compatriotes pouvaient enlever au débiteur, à sa Commune ou à ses concitoyens, par le pillage ou par voies de fait contre les personnes, était adjugé au créancier, à titre de satisfaction, après que la valeur en avait été estimée dans un acte public et mentionnée sur un registre. Les lettres de représailles n'étaient révoquées que quand le préjudice était entièrement réparé (3).

---

(1) Ont écrit sur le système et sur la procédure des représailles : — Averanio, (*De jure repressaliarum*); — Baldo; — Bartolo; — Benzon; — Biel; — Bleu; — Breugel; — Castilha; — Dinner; — Erhardt; — Heel; — Hunnio; — Legnano; — Malcomesio; — Marchdrenkher; — Mœns; — Schacher; — Tureke, *(De repressaliis)*; — Kamptz (*Granzen des Repressalienrechts, in s. Beitragen zum Staats und Volkerrecht*, B. I, S. 204-206); — Pacassi (*Von der Selbsthulfe, Retorsion und den Repressalien, in s. Beitragen zum deutschen Staatsrechte, Wien,* 1783, Abh. VI) ; — Randwijck *(De jure repressaliarum);* — Pertile (*Storia del diritto italiano dalla caduta dell'impero romano alla codificazion,* vol. I, p. 255 et s.) ; — Hallam (*Storia dell'Europa nel medio evo*, vol. V, p. 94-96.)

(2) Op. cit., p. 275 ! — Massé, op. cit., p. 386.

(3) Ce système, qui tenait à l'époque et à l'entière solidarité des citoyens, s'adoucit peu à peu. Le statut romain prescrit la preuve juridique du dommage et porte : « *Si civitas, communitas, castrum, vel villa, post dictam requisitionem non fecerunt satisfieri... dummodo de valore rerum habitatorum faciet plenam fidem, vel saltem per unum testem de visu et scientia, et duos de publica fama, Senator vel ejus judices debeant dare et concedere eis represaliam et licentiam et potestatem liberam capiendi de bonis et rebus civitatis et hominum illius terrœ. Et teneatur Senator ad petitionem illius qui privilegium represaliarum habere meruit, facere stagiri et sequestrari personas et bona illorum*

Avec le temps, les Communes furent unanimes à admettre le principe de réciprocité d'après lequel l'étranger était traité comme l'étaient dans son pays les citoyens de la Commune où il se trouvait. Dans quelques villes même il y avait des magistrats spéciaux comme le *prœtor peregrinus* dans l'ancienne Rome. — Ainsi, dans la Rome moderne, le *Surintendant*, magistrat institué dans la première moitié du XVe siècle, rendait la justice aux étrangers. A Venise, la vieille et magnifique cité des lagunes « qui s'élève comme une fleur au sein des eaux » et qui, par son importance politique, l'étendue de son commerce et son développement social et artistique, fut comme le dit Shakespeare :

> « *The pleasure place of oll festivity ,*
> *The revel of the world.....* »

à Venise, il y avait *le juge des étrangers*.

Voici comment s'exprime à son sujet l'avocat Fabro à la page 252 du Ve volume de son *Dictionnaire du Droit commun et vénitien :* « La magistrature dite des étrangers
» était une de celles qui composait la Cour du Doge ; elle
» datait de l'extension du commerce vénitien au XIIe siècle.
» Par suite de l'affluence des marchands étrangers et de
» la foule des matelots et des mariniers, il y avait une
» quantité infinie de litiges et de querelles à régler. Le
» nombre des procès en général devint ainsi trop considé-
» rable pour que le magistrat chargé de juger pût remplir
» sa mission avec le soin convenable : on lui ôta alors la
» charge de juger les étrangers, et on la confia à un nou-
» veau magistrat dit *des étrangers*. Le premier, qui s'in-
» titulait « des trois juges du Palais ou de la Cour du
» Doge, » conserva la juridiction des Vénitiens ; aussi fut-
» il qualifié de *Propre*. — La plus ancienne loi relative à
» la magistrature des étrangers que nous possédions, re-
» monte à 1287 : elle porte que les procès civils entre Vé-
» nitiens et étrangers, ou entre étrangers, seront jugés
» selon le même droit et avec les mêmes formules em-
» ployées par le magistrat des Vénitiens. — V. *Stat. Ven.*,
» lib. 6, cap. 60.

---

qui sunt de terris et locis. » (Cantù, *Storia degl' Italiani*, cap. 124, p. 639 ; — Rinaldi, *Della proprietà mobile*, vol. I, p. 429). Un statut de Padoue de 1269, excepte des représailles les biens des ambassadeurs, des pèlerins et des voyageurs ; un autre statut de 1271 porte qu'avant la concession des représailles, le podestat devait avertir la commune adverse, afin qu'elle pût se justifier. (Cantù, *Storia degl' Italiani*, cap. 124, § 619). — Afin de ne pas laisser un pouvoir trop étendu, quelques statuts disposèrent que l'offensé ne pourrait faire usage de ses lettres de marque qu'avec l'assentiment du podestat et selon la manière qu'il prescrirait. (Cibrario, op. cit., I, 171 ; — Morpurgo, loc. cit., p. 280.

» Le 11 novembre 1338, on décida que les questions
» relatives aux locations à Venise et à la navigation, c'est-
» à-dire les débats entre capitaines et officiers, mariniers,
» marchands qui avaient chargé les navires, ressortiraient
» de la magistrature des étrangers. Mais la loi qui organise
» complétement cette magistrature au point de vue tant
» de la police que de la juridiction, est seulement du 22
» juin 1522. Elle veut que les trois élus jurent de siéger
» tous les jours, de se faire lire chaque mois le capitulaire
» de leur office, d'obéir au Doge en leur qualité de juges
» de la Cour ducale. Lorsque le Doge, avec la majorité du
» Conseil ordinaire et l'approbation du Grand Conseil, croit
» à propos de modifier les statuts généraux, ou même leur
» chapitre spécial, ils doivent observer ces modifications.
» Enfin, ils ne doivent pas abandonner leurs fonctions
» pendant plus de trente jours, sous peine d'en être privés.
» — La seconde partie de la loi délimite l'étendue de leur
» juridiction : ils doivent juger les procès relatifs aux na-
» vires et ceux entre Vénitiens et étrangers, ou entre
» étrangers, selon les règles indiquées par les traités con-
» clus avec les nations des plaideurs, et, s'il n'y a pas de
» traités, selon les lois et les coutumes vénitiennes. Les
» questions concernant la location d'immeubles et biens-
» fonds vénitiens sont aussi de leur ressort, ainsi que
» toutes celles que leur déléguent le Doge et le Conseil
» ordinaire. Les juges sont au nombre de trois, et la durée
» de leurs fonctions est de seize mois. »

Dans les villes qui n'avaient pas de magistrats spéciaux,
la justice était rendue aux étrangers par le podestat (1) et
par les consuls (2).

(I) Le podestat était reçu avec pompe ; il prêtait serment d'observer
les lois et les statuts, de déposer le pouvoir au temps fixé, de rester
dans la ville tant qu'il serait en fonctions; celles-ci finies, de supporter
le « syndicat » en payant les indemnités et subissant les peines que lui
attireraient les fautes, les abus, les extorsions et les concussions qu'il pourrait commettre. — Le podestat avait souvent le commandement des forces
militaires, et il combattait pour la patrie ou pour venger les injures faites
par les voisins. — Le conseil général de la commune, composé des chefs
de famille, seuls réputés citoyens, et ayant tout pouvoir, en sa qualité
d'assemblée souveraine, élisait, à la sortie du pouvoir du podestat,
des « syndics, » pour recevoir les plaintes portées contre lui dans les
trois jours qui suivaient le ban de l'ouverture du « syndicat; » (Pierantoni, *Trattato di diritto internazionale*, I, p. 405).

(2). — Les consuls étaient anciennement appelés *Telonarii, Bajuli, Præ-
positi, Priores mercatorum, etc.*

L'organisation actuelle des consulats remonte, selon l'opinion générale,
à l'époque des Croisades. Le commerce entre l'Europe et l'Asie prit alors
un grand développement qui fit naître ou du moins perfectionna cette institution.

Les rapports entre nations et les affaires commerciales s'étant de

Quand les grandes monarchies s'élevèrent sur les ruines de la féodalité et des communes, le principe de réciprocité se maintint et s'étendit, et les traités destinés à faire disparaître les odieuses différences au préjudice des étrangers, se multiplièrent.

Il y eut une nouvelle modification dans le traitement juridique des étrangers, quand on eut ressuscité l'étude de cette savante législation que le peuple romain avait créée aux plus beaux jours de son histoire, législation qui, triom-

nos jours considérablement accru, l'institutioh des consuls a pris une grande importance. Aujourd'hui ce sont d'ordinaire des agents commerciaux, constitués directement ou indirectement par un Gouvernement dans un port ou une place de commerce à l'étranger. Ils doivent favoriser le commerce, et spécialement protéger les négociants et navigateurs de leur nationalité. De nombreux ouvrages ont été publiés sur l'organisation consulaire de toutes les nations, en général, ou sur celle de quelques Etats, en partlͨculier. — Citons ceux d'Acatius (*De magistratibus maris , antiquitate, præeminentia, juridictione, cerimoniis, etc.*) ; — Arntz (*Précis méthodique des règlements consulaires en Belgique*) ; — Borel (*De l'origine et des fonctions des consuls*); — Boucher (*Consulat de la mer*) ; — Bursotti (*Guide des agents consulaires*); — Changuion (*De consulibus in respub. Batava*) ; — Cortès y Morales (*Diccionario razonado de Legislacion o Jurisprudencia diplomatico eonsular*) ; — Cussy (*Règlements consulaires des principaux Etats maritimes de l'Europe et de l'Amérique*); — Does (*De consulari potestate*) ; — Engelbrecht (*Van den consuln*) ; — Enriquez (*Miscellanee sul consolato del nare d'Ancona*) ; — Flintberg (*Anmarkingar til Sweriges Rikes Sjo-Lag, jamte Farfattningarne om hwarja a utrikes ort wistande Swensk agents Consuls eller commissaries med handel och sjofort gemenskap aganda Skyldigheter och rattige heter*) ; — Fynn (*British Consuls Abroad*) ; — Gioannis Gianquinto (*Diritto dei consoli in materia di salvamento*) ; — Henshaw (*Manual for United States Consuls*) ; — Jochmus (*Hendbuch fur Consuln und Consulatbeamte*) ; — Kanner (*Dissertatio de munere consulum mercaturæ gratia constitutorum in exteris terris*) ; — Koning (*Handbuch des deutschen Consularwesens*); — Küster (*Verf. des Preussichen Consuln in Auslande*) ; — Laget de Podio (*De la juridiction des consuls de France à l'étranger*); — Leroy (*Des consulats, des légations et des ambassades*) ; — Livingston (*Report in relation to the consular establishments of the United States*) ; — Martens (*O Konsulah i Konsularskoj jurisdikeiji na vostokje*); — Mascarenhas (*Manual dos consules*) ; — Meister (*Ebauche d'un discours sur les consuls* ; — Mensk (*Manuel pratique du consulat*); — Miltiz (*Manuel des consuls*) ; — Moreuil (*Manuel des agents consulaires*); — Neumann (*Handbuch des Consulatswssen*); — Pichon (*Sur les fonctions judiciaires des consuls de France à l'étranger*); — Oppenheim (*Handbuch der Consulate alle Lander*) ; — Piskur (*Oesterreichs Consularwesen*) ; — Quehl (*Das Preussische und deutsche Consularwesen in Zusammenhange mit der inneren und ausseren Politik*); — Ribeiro Dos Santos et Castilho Bareto (*Traité du Consulat*); — Rogues (*Jurisprudence consulaire*) ; — Skerst (*Das Consularwesen und die Consularjurisdiction in Orient*) ; — Sterk (*Essai sur les consuls*) ; — Stolte (*De consule*) ; — Stracca (*De mercatorum judicibus et consulibus*) ; — Strauss (*De consulibus*); — Toubeau (*Les Instituts du droit consulaire*) ; — Tuson (*British Consuls Manual*) ; — Warden (*A treatise of the nature, the progres and the influence of the etablishemens of the Consuls*) ; — Wertheim (*Verlandeling over het Nederlandsch Consulaatregt*); — Westerveen (*Het Consulaat van de Zée, etc.*)

phant de l'ignorance des temps, l'emporta sur les lois barbares, leur survécut et finit (heureusement pour la civilisation à venir) par être considéré comme une législation
commune et obligatoire pour toutes les nations civilisées) (1). Ainsi Rome, cette Rome éternelle, reine des nations pendant tant de siècles, création la plus grande et la
plus glorieuse de l'histoire, dont les aigles victorieuses
avaient subjugué le monde, le subjuguait ainsi de nouveau par la force de ses vénérés monuments législatifs.
Nouvelle et meilleure explication de ces vers immortels de
Virgile :

> « *Tu regere imperio populos, Romane, memento :*
> *Hœ tibi erunt artes, pacisque imponere morem,*
> *Parcere subjectis et debellare superbos.* »

Jusqu'au xive siècle, les juristes, élevés à l'école de ce droit,
auquel ils attribuaient l'autorité non pas *ratione imperii*,
mais *imperio rationis* et donnaient le nom pompeux de raison écrite, conservèrent l'antique distinction entre les actes
de *jus civile* et de *jus gentium*. Fidèles à cette règle, ils
reconnaissaient aux étrangers le droit d'acheter, de vendre,
louer, échanger, hypothéquer, car cela rentrait dans le *jus
gentium* (Inst. iii, 22. 23, de cons oblig. — *Theoph.* pa-
raphras. ad § 1 de loc. et cond.; — *Costa et Marsilius* ad
eam, paraph.), tandis qu'ils leur refusaient la puissance
paternelle, la tutelle et toute autre institution du droit
civil. — Ainsi, comme le dit *Rocco* (2) : « Si l'élément national et l'élément étranger ne se rencontraient pas sur le
terrain du droit civil (*communio juris civilis*); il en était
autrement sur celui du droit des gens (*communio juris
gentium*) ».

On en vint alors à une double classification des étran-

----

(1) La renaissance de l'étude du droit romain, à cette époque, fut due
en grande partie aux humbles glossateurs de Bologne et à l'école de cette
ville. Mancini remarque que l'affluence des escholiers de toutes les con-
trées civilisées, au pied des chaires de cette école, et l'acceptation universelle, volontaire, enthousiaste même de la plupart des nations euro-
péennes, lorsque le droit romain les euvahit, est un événement des plus
merveilleux et des plus inexplicables dans l'histoire. Elles n'étaient pas
en effet barbares et sans lois ou sans usages ; il leur fallut y re-
noncer et modifier complètement leurs coutumes féodales et commu-
nales. C'est une preuve que si, dans la grandeur romaine, tout ce qui était
le résultat de l'oppression et de l'injustice a disparu dans les ruines et
le sang, sous le fer des barbares, seule, la doctrine du juste, dotée d'une
vertu immortelle, a survécu pour former la civilisation des autres siècles
(Mancini, op. cit., p. 179; — *Gravina, De ortu et progressu juris civilis,*
cap. 142).

(2) *Del sommo principio del diritto privato internazionale.* — (Dans les
Actes de l'Académie des sciences morales et politiques de Naples,
vol. ii, p. 144).

gers : *Les étrangers de passage dans l'Etat ;* à ceux là on accorda des tribunaux exceptionnels (consulats de terre et de mer, tribunaux de commerce et autres semblables) ; ils ne tombaient sous la juridiction nationale que pour les litiges résultant du commerce entre eux et les citoyens ; pour tout autre cas ils restaient sous l'autorité des magistrats de leur pays. — Quant aux *étrangers qui avaient leur* domicile *ou résidence dans l'Etat,* ils relevaient complètement des autorités judiciaires du pays.

Cependant en France et dans quelques autres Etats, l'étranger, bien que reconnu capable des actes ordinaires de la vie juridique, ne pouvait rien acquérir on transmettre par testament ou *ab intestat.* Pour lui comme pour les Latins Juniens : « *Liber vivit, servus moritur* ». Et Guy Coquille, qui suivant l'observation de Catellano (op. cit., p. 34) fut un dés juriconsultes français les plus favorables à la personnalité, n'hésitait pas à dire : « Les aubains n'ont pas la communion de notre droit civil (1). »

En France encore les étrangers étaient accablés d'impôts énormes. Pour s'y marier, ils étaient obligés de payer une taxe, appelée *droit de formariage,* et comme chefs de famille, ils étaient assujetis à une taxe annuelle, le *droit de chevage* (2). Parfois même ils étaient frappées de taxes et de confiscations arbitraires. Ainsi par un édit de septembre 1587, Henri III ordonna à tous les marchands étrangers, même à ceux qui étaient naturalisés, de se munir, moyennant finance, d'une carte de résidence. Une ordonnance de Louis XIII du 29 janvier 1639, assujettit les étrangers résidant dans le royaume et y possédant des biens, à une nouvelle taxe. En 1646, 1656, 1697, Louis XIV, le grand roi, fit paraître des édits obligeant les étrangers naturalisés à faire confirmer leurs lettres de naturalisation (lettres de naturalité) (3) en payant de nouveau.

Mais toutes ces dispositions inspirées par des vues cupi-

---

(1) Cfr. Loysel, *Institutes coutumières,* lib. ι, tit. 1, n° 49.

(2) « Le nom *de chevage,* dit l'avocat Stoïcesco (op. cit., p. 187). « vient « de ce que cette redevance était due par tout *chef* de famille aubain. « Le taux du droit de chevage variait suivant les lieux ; dans le bailliage « du Vermandois, qui dépendait immédiatement de la couronne, ce droit s'élevait à douze deniers par an : Epaves (*expavefacti*) ou aubains furent chacun contraints à payer douze deniers parisis, le jour de la « Saint-Rémy, à peine de sept sous six deniers d'amende. »

(3) « Les lettres de naturalité, dit Bacquet (*Droit d'aubaine,* 3° partie, ch. xxii, n° 1) sont celles par lesquelles les étrangers demeurant au royaume de France, païs, terres et seigneuries de l'obéissance du roy, ont coustume d'obtenir pour estre faicts comme originaires de France. » — Il les compare aux *lettres d'adoption.* « *quia per hujusmodi rescriptum. qui regni jure donantur, videntur quasi adoptati in regno, et de sua regione in regnum Gallicum translati,* »

des, toutes ces lois au préjudice des étrangers édictées dans un but inique et barbare devaient s'affaiblir et disparaître à la lumière de la civilisation moderne et céder devant les principes conformes à la raison philosophique, seuls guides possibles dans le chaos des sophismes, des faux systèmes et des préoccupations politiques qui troublèrent les sociétés pendant si longtemps.

La révolution française, cet évènement rapide et impétueux, d'ailleurs lamentable à tant de points de vue en raison des crimes énormes que son souvenir rappelle, substitua aux vieux axiômes législatifs concernant les étrangers de nouveaux principes resplendissants d'une immortelle jeunesse, qui mèneront l'humanité à l'harmonie d'une loi d'amour universelle.

Au nom de la fraternité universelle qui unit par des liens d'or tous les hommes quel que soit leur pays ou leur gouvernement ; liens se manifestant avec encore plus de puissance par le ministère de la parole, cette véritable chaîne d'or qui part du trône de Dieu, la vérité incréée et éternelle,

Di fuor di qual nessun vero si spazia (1)

pour lier entre elles et élever les intelligences ; cette source inépuisable de sentiments et d'affections ; cette puissance créée avec la pensée et créatrice elle-même de pensées toujours nouvelles; au nom de la fraternité universelle, l'Assemblée Constituante, par décret du 6 août 1790 abolit complètement le droit d'aubaine (2) et le jus detractionis (3) :

---

(1) Dante, *Paradis*, iv.

(2) Eperson, op. cit., p. 14;—Moser, *Ueber die ganzliche;*—Aufhebung *Des* droits d'aubaine *in Frankreich (in der Berliner Monatsschrift,* v. J. 1791, Heft. ii, S. 114).

(3) Le jus detractionis était le droit, en vertu duquel, on prélevait un impôt sur les legs et les héritages transmis aux étrangers ou aux citoyens par un étranger. — On peut consulter là dessus : Richter (*De jure detractionis*); — Rechemberg *(De censu emigrationis et jure detractus)*; — Bech (*De jure detractionis, emigrationis et laudemii*); — Schutz (*Dissertatio de jure detractionis*); — Carrocci (*De quota detractionis*); — Schragii (*Dissertatio de vigesima hereditatum*); — Alfelman (*De jure seu gabella detractionis*), — Clansen (*De jure detractionis*); — Bonœfer (*Dissertatio qua jus detractus superioritati territoriali vindicatur, ejusque vera indoles ostenditur*); — Eichel (*De jure detractionis*); — Lindholz (*Dissertatio de censibus detractionis et emigrationis possessoribus castri competententibus*); — Schæfer (*De jure detractus*); — Lamm (*De gabella detractionis vel emigrationis*); — Leyser (*De jure detractus*); — Bunson (*De jure detractionis*); — Retios (*De sarcina emigrandi*); — Thomasii (*Dissertatio de jure detractionis*); — Schumacher (*De jure detractus*); — Knorre (*Dissertatio de ea quod justum et secundum observantiam Cothoniensem circa jus gabellarum*); — Canz (*De jure detractus speciatim Wurtembergico*); — Hoym (*De jure detractus secundum leyes Prutenicas*); — Zoller (*Anacleta de jure detractionis speciatim foro

« L'Assemblée nationale, considérant que le droit d'aubaine est contraire aux principes de fraternité qui doivent lier tous les hommes, quels que soient leur pays et leur gouvernement ; que ce droit, établi dans des temps barbares doit être proscrit chez un peuple qui a fondé sa constitution sur les droits de l'homme et du citoyen, et que la France libre doit ouvrir son sein à tous les peuples de la terre, en les invitant à jouir, sous un gouvernement libre, des droits sacrés et inviolabies de l'humanité, a décrété : *Le droit d'aubaine et celui de détraction sont abolis pour toujours.* »

Macri observe (op. cit., p. 525) que le souvenir de l'ancien état de choses fit naître quelques doutes sur la portée de ce texte. Les traités antérieurs à la révolution française accordaient en effet à l'étranger le droit de recueillir en France l'héritage de ses parents étrangers, mais non celui de ses parents français. — Pour éviter une interprétation aussi restrictive, ce décret fut expressément approuvé par la loi du 8 avril 1791, et confirmé par le titre vi de la Constitution du 3 septembre 1791.

Le résultat de ces lois et de celle du 9 mars 1793, fût d'assimiler complètement les étrangers aux Français au point de vue de la transmission et de la succession par testament ou *ab intestat* de la disposition des biens possédés en France (1).

La Constitution de 1793 alla encore plus loin en décidant que, moyennant certaines conditions, l'étranger serait admis à jouir de tous les droits civils et politiques.

Mais si l'assemblée législative française avait pris une généreuse initiative ; elle ne trouva point d'imitateurs dans les autres nations. Et quand sous le nom de Consulat, la monarchie fut rétablie en France, les principes de la Constitution de 1793 ne furent point maintenus, le code civil admit à l'égard des étrangers le système de réciprocité ; lequel leur assure en France les mêmes droits civils que leur nation accorde ou accordera par traité aux Français. Une bienveillante exception fut apportée à ce principe par

---

Saxonico accomodata); — Schwannmann (*De jure emigrationis et detractionis*); — Corceii (*De jure detractus*); — Schrœter (*De gabella detractionis et emigrationis*) ; — Bernoulli (*Dissertatio de jure detractionis*) ; — Muller (*Dissertatio de jure detractus, ad Tit. ii, Const. prov. Archipalatinæ*) ; — Schmidt (*Von Emigrations-Nachsteuer-und Abzugsrechte*) ; — Pesler (*De bonis nobilium juri detractus haud obnoxiis*); — Fresenius (*Von der Rechtmassigkeit der Nachsteuer*); — Thesinah (*De jure detractionis*), etc.

(1) Gueymard. *Des successions des étrangers :* — Renault. *De la succession ab intestat des étrangers en France et des Français à l'étranger ;* — Rodière. *De la succession des biens laissés en France par les étrangers.*

la loi du 14 juillet 1819 permettant aux étrangers d'hériter comme les Français (1).

Le Code Napoléon, celui qui a eu la plus heureuse fortune, car on peut dire des codes comme des livres ; *habent sua fata* (2), est sans doute une grande œuvre, parce que, faisant succéder l'ordre au chaos des coutumes, il a établi en France une législation uniforme, et donné une plus grande part à la jurisprudence romaine, mais c'est une erreur de le considérer comme l'œuvre la plus parfaite qui se puisse. Il empira la situation juridique des étrangers en Hollande, attendu que les articles 884 et 957, du Code civil néerlandais décidèrent qu'ils ne seraient admis dans les Pays-Bas à la succession légitime ou testamentaire, à donner ou à recevoir entre vifs, que dans les cas et de la manière où les Néerlandais y seraient admis dans le pays de ces étrangers (3). Mais la loi du 7 avril 1869 a supprimé une telle exception au principe libéral et humanitaire de l'égalité des droits entre citoyens et étrangers, exception à laquelle était habituée l'ancien droit hollandais (4).

En Angleterre, nation d'un caractère tout à fait particulier, fièrement et opiniâtrement insulaire non seulement par sa situation géographique, mais par sa politique, ses sentiments et ses coutumes, l'étranger, pour jouir des mêmes droits que les citoyens, devait obtenir des lettres patentes (*de Denization*). Sans cela il ne pouvait ni acheter,

---

(1) Ont écrit sur la situation juridique des étrangers en France : « Aïcard ; — Alauzet ; — Antoine ; — Azaïs ; — Bacquet ; — Ballot ; — Barde ; — Barilliet ; — Bertauld ; — Beudant ; — Boullenois ; — Boutry ; — Burge ; — Calvo ; — Cauwes : — Canteret ; — Cogordan ; — Coin-Delisle ; —Decamps ; — Delsol ; —Demangeat ; —Dragoumis ; —Feraud-Giraud ; — Frénoy ; — Fœlix ; — Froland ; — Gand ; — Garin ; — Guillet ; Hepp ; — Jay ; — Lardenois ; — Legat ; — Lehmann ; — Lespinasse ; — Lobé ; — Mailher de Chassat ; — Massé ; — Mathieu-Bodet ; — Nicot ; — Pignon ; — Poiré ; — Robillard ; — Rotschild ; — Roussel ; — Salinas ; — Sapey ; — Sartor ; — Schmidt ; — Schutzemberger ; — Salomon ; — Stoïcesco ; — Trochon ; — Waliszewski ; — Willefort ; — Zix ; — etc.

(2) *Pro captu lectoris habent sua fata libelli :*
(*Terentianus Maurus, de Syll.*)

(3) Pour la situation des étrangers au point de vue du droit privé en Belgique, voir Hauss (*Du droit privé qui régit les étrangers en Belgique*) ; — Wiliquet (*Lois des 6 et 7 août 1881, sur la naturalisation : commentaire législatif*).

(4) On peut lire à ce sujet la monographie d'Hamaker, intitulé : « *Aard en doel van het internationaal privaatrecht ;* » le travail intitulé : « *Schets van het internationaal privaatrecht* » et *La session parlementaire des Pays-Bas*, 1868-69, *au point de vue du droit international.* » (*Revue de droit int. et de législation comparée*, I, ann. 1869, p. 629 et suiv.), dus à la plume féconde du Dr Asser, un des principaux fondateurs du célèbre *Institut de droit international*, ce noble aréopage composé des plus savants jurisconsultes et publicistes d'Europe et d'Amérique.

ni transmettre des immeubles, ni acquérir par donation ou testament ; seules l'acquisition et la transmission des meubles, lui était accordée. (Westoby, *Leg. Angl.*, p. 27). — D'après Blakstone *Commentaries on the laws of England ;* traduct. franc. de Ed. Christian, Paris, 1821-22) cette rigueur du droit anglais relativement à la possession des immeubles avait deux motifs : le premier était un motif politique, le second résultait de la conception féodale sur la souveraineté et la propriété et de l'idée que les choses prédominaient sur les personnes et le territoire sur le peuple au point de vue de l'autorité royale. Cette idée poussée à l'extrême faisait douter, au dire de Lawrence (op. cit., p. 8) si le fils du roi né à l'étranger, pourrait être considéré comme Anglais et apte à succéder à son père. Ainsi d'une part, on redoutait de voir de nombreuses acquisitions procurer aux étrangers un influence préjudiciable ; de l'autre, étant donné que le roi d'Angleterre était le maître suprême de toutes les terres du royaume, on ne pouvait admettre d'en voir entre les mains d'individus qui n'étaient liés ni par l'allégeance, ni par le devoir de fidélité et d'obéissance qui incombe aux sujets vis-à-vis de leur souverain.

La situation juridique des étrangers en Angleterre, légalement déterminée sous le règne de Victoria en 1844, a été notablement améliorée par le 11e statut, ch. 20. Vict. et par la loi du 12 mai 1870, st. 33 et 34. Vict. e 14, (Naturalisation Act), qui, d'accord avec la science, a abandonné l'idée de l'allégeance féodale vis-à-vis les étrangers et leur a, entre autre choses, donné le droit d'acquérir des immeubles (1).

---

(1) On trouvera des développements critiques des lois anglaises relatives aux droits civils des étrangers dans les ouvrages de Westlake (*Revue de droit int. et de lég. comp.* III, p. 601 et s.); — de Cutler *(The law of naturalization.* etc. Londres, Butterwoths, 1871); — de Foote *(A concise treatise on private international jurisprudence based on the decisions in the englisn courts)* ; — de Hansard *(A treatise on the law relating to aliens and denization and naturalization)* ; — de Hosack *(On the conflict of laws of England and Scotland); —* d'Ockey (*Droits, privilèges et obligations des étrangers dans la Grande Bretagne) ; —* de Prater *(Cases illustrative of the conflict between the laws of England and Scotland, with Regan to Mariage, Divorce and Legitimacy) ; —* d'Arundel ; — Atcheson ; — Atkinson ; — Baring ; — Bentham ; — Amos ; — Reddic ; — Thomas ; — Windt ; — Thompson ; — Piggot ; — Guthrie ; — Horne ; Foote ; — Abdy ; — Kent ; — Harcourt ; — Fulbecke ; — Fraser ; — Fischer ; — Dicey ; — Eden ; — etc. — Voir aussi le *Report of the royal commissioners for inquiring into the laws of naturalization and allegiance ; —* Dwyer *(A compendium of the principal laws and regulations relating to the militia of Great Britain and Ireland),* et l'excellent « Commentaire de la loi sur la Milice* (p. 695 et s.) publié à Bruxelles en 1872, par les illustres E. Jamme, député au Parlement Belge et V. Chauvin, professeur de langues orientales à l'Université de Liège.

En Autriche, le paragraphe 33 du Code civil établit que les étrangers jouiront des mêmes droits que les citoyens, dans tous les cas où la qualité de citoyen n'est pas requise. En dehors de là, on observera le principe de la réciprocité (1).

L'Italie, maîtresse incontestée dans la science du droit (2) science que portèrent si haut ces incomparables jurisconsultes de la République et de l'Empire, qui fût le refuge de la science et de la sagesse après la chute de l'empire d'Occident, l'Italie dans son code civil, assure à tous les étrangers la plénitude des droits civils accordés aux citoyens. Cela sans aucune condition de réciprocité.

Dans presque tous les autres Etats, le système de réciprocité (3), plus ou moins étendu, est en vigueur.

Ce système, s'il indique une réelle progression dans la reconnaissance du droit des gens, ne fait pas cesser vis-à-vis l'étranger une injuste défiance. C'est au fond une mesure arbitraire, faisant dépendre la reconnaissance de ses

------

(1) Voir Vesque v. Puttlingen, *Handbuch d. in Oesterreich-Ungarn geltenden internationalen Privatrechts ;* — Starr, *Die Behandlung des Nachlasses der Auslander in Oesterreich;* — Cotta-Morandini, *Il diritto di reciprocita sulla base del codice civile universale austriaco ;* — Minasiewicz, *Die Civilgerichtsbarkeit in Streitsachen uber Auslander in Oesterreich ausser Ungarn ;* — Kalessa, *Beitrag Zur Erlauterung des § 55 des allg, burg. Gesetzbuches ;* — Unger, *Sistema del diritto privato gen. austriaco,* vol. i, Parte gen., cap. vii, p. 132 et s. (Traduc. Kirchmayer).

(2) Le grand nombre des publicistes remarquables de notre siècle prouve que l'Italie actuelle n'a point dégénéré. Nous nous bornerons à citer les plus marquants en matière de droit international : Agnetta ; — Airoldi ; — Airoldi ; — Albicini, — Almici; — Ambra; — Arabia ; — Arlia ; — Audisio ; — Avio ; — Barbiani, — Baroli ; — Bertarelli ; — Berti ; — Bianchi; — Bonghi; — Bozzo; — Breganze; — Brusa; — Buffalini; — Buffa; — Buniva; — Burgo; — Buscemi ; — Buzzetti; — Calli ; — Carle; — Carnazza-Amari; — Carutti; — Casalis; — Catellani; — Cavagnari ; — Celli; — Comba; — Danesi; — Esperson; — Farnese; — Ferrero-Gola; — Fiore ; — Garelli — Gentile; — Gioannis Gianquinto ; — Januzzi; — Laghi; — Lampredi; — Lioy; — Lomonaco; — Lurchesi-Palli; — Macri, — Mamiani; — Mancini; — Mariotti; — Merlo; — Milone; — Mordenti; — Morello; — Mulas; — Norsa; — Palma; — Palumbo; — Paretti; — Paroldo ; — Pascale; — Pierantoni ; — Ramondini; — Raveva; — Rocco; — Rossi; — Sandonà; — Saredo; — Schiattarella; — Sole: — Sciolla; — Scisio; — Turcotti; — Vidavi, etc.

(3) Si on veut faire une étude de législation comparée sur ce sujet, outre les divers ouvrages indiqués dans ce travail, on peut consulter les publications suivantes : Saint-Joseph, *Concordance entre les Codes civils étrangers et le code Napoléon,* 2ᵉ édit., Paris, 1856 ; — Aguilera y Velasco, *Coleccion de Codigos europeos concordados y anotados ;* — *Annuaire de Législation étrngère,* publiée par la Société de Législation comparée. Paris, 1872-83, 12 vol.; — *Coleccion de Codigos civiles americanos y europeos ; — Bulletin de la Société de législation comparée,* Paris, 1869-1884 ; — *Revue de droit international et de législation comparée ; — Journal de droit inter. privé.* Paris, 1874-84 ; — *Revue de l'Institut juridique international d'Italie,* etc.

droits, d'un fait éventuel, indépendant de toute raison juridique, c'est-à-dire d'une convention internationale et de la volonté changeante des gouvernements.

Le droit de réciprocité abandonné entièrement à la merci des convenances politiques et des traités internationaux (1) manque de tout fondement raisonnable et peut-être regardé plutôt comme une concession, un privilège,

---

(1) Les traités reflétant les idées, les mœurs et les institutions des époques différentes et des peuples divers, qui les ont faits, sont, comme le remarque Mably, les archives des nations où se trouvent les titres de tous les peuples, les obligations réciproques qui les unissent, les lois qu'eux-mêmes se sont imposées, et les droits qu'ils ont acquis et perdus. Ceux qui voudraient connaître l'origine des pactes internationaux, les raisons sociales et politiques qui les ont occasionnés, les rapports qui les réglèrent et qui les règlent aujourd'hui, pourront consulter les œuvres de Bergbohm (*Staatsvertrage und Gesetze als Quellen des Volkerrechtes*); — Calvo (*Coleccion historica completa de los tratados, convenciones y otros actos diplomaticos de todos los estados de la America latina, comprendidos entre e golfo de Mejico y el cabo de Hornos, desde el anno de 1493 hasta nuestras dias*. Paris 1868); — Barbeyrac (*Histoire des anciens traités*); — Castro (*Colleçao dos Tratados, Convençoes, contratos e actos publicos celebrados entre a Coroa de Portugal e as mais Potencias desde 1640 até ao presente*. Lisboa, 1856); — Chalmers (*Collection of Treaties between Great-Britain and other Powers from 1668*); — Elliot (*Collection of Treaties and conventions between the United States and foreing powers from 1778 to 1827*); — Dumont (*Corps universel diplomatique du droit des gens*); — Garden (*Hist. gén. des traités*); — Hauterive (*Recueil des traités de commerce et de navigation*); — Hertslet (*A complete collection of the treaties and conventions, and reciprocal regulations, at present subsisting between Great-Britain and foreign powers*); — Janer (*Tratados de Espanna*); — Koch et Scnel (*Abrégé de l'histoire des traités de paix*); — Laghi (*Teoria dei trattati internazionali*); — Martens (*Recueil des principaux traités*); — Meier (*Ueber den Abschlusj von Staatsvertragen*); — Murhard (*Nouveau recueil général de traités, conventions et autres transactions remarquables, servant à la connaissance des relations étrangères des puissances et états dans leurs rapports mutuels*); — Neumann (*Recueil des conventions et traités conclus par l'Autriche avec les puissances étrangères, depuis 1765 jusqu'à nos jours*); — Reedz (*Répert., hist. et chronol. des Traités conclus par la couronne de Danemarck*); — Rohrscheidt (*Preussens Staatsvertrage*), — Roussel (*De la formation des conventions en droit international privé*); — Starr (*Die Rechtsulfe in Oesterreich gegenuber dem Auslande. Sammlung und Darstellung aller diesen Gegenstand betreffenden Staatsvertrage, Gesetze, etc.*); — Taunay (*De tractaten tot uitlevering van misdadigers door Nederland gesloten*); — Vesque von Puttlingen (*Uebersicht der Vertrage Oesterreichs mit den answartigen Staaten seit Maria Theresia bis auf die neueste Zeit*); — Wenck (*Codex juris gentium recentissimi*).

Nous indiquons aussi les œuvres de Abreu y Bertodano; — Cantalūpo; — Cantillo; — Chitty; — De Angeli; — De Clercq; — Eichorn; — Ferrater; — Fourneaux; — Ghillany; — Gonni; — Gotofredo; — Hautefeuille; — Heeren; — Hertslet; — Hogdstnk; — Jenkinson; — Koller; — Laurent; — Leonardus; — Mably; — Mackay; — Marliani; — Neyron; — Palma; — Politz; — Presl; — Putz; — Ribo; — Rousset; — Samwer; — Schiatarella; — Testa; — Tétot; — Toledano; — Tschulkow — Turettini; — Villefort; — Voss; — Yousefovitch, etc.

un acte étranger à la loi civile que comme un droit véritable, basé sur la nature de l'homme, droit qui ne change
pas par le seul fait du passage d'un pays à un autre.

Nous terminons cette très courte étude en faisant des
vœux pour que le principe de l'égalité complète des étrangers et des citoyens, au point de vue du droit civil, soit
proclamé en tout pays civilisé, comme il l'est en Italie.
Nous le souhaitons spécialement pour le Code Autrichien.
Ce Code, vu l'époque où il a été promulgué et les institutions politiques d'alors, est certainement un des monuments les plus majestueux de la sagesse civile, une des
œuvres législatives les plus étonnantes des temps modernes ; car, sauf quelques rares exceptions, il représente tout
ce que la science a fait de mieux. Oui, nous l'espérons, à
l'immense satisfaction de tous les cœurs bien faits, ce vœu
s'accomplira bientôt, parce que le principe de l'égalité
humaine a passé désormais du champ de la science dans
celui des convictions et des aspirations générales. C'est ce
principe qui, animant et fécondant le progrès moderne,
tend malgré :

> « *Luctantes ventos, tempestatesque sonoras.* »

à obtenir :

> « *Il vero in che si acqueta ogni intelletto.* »

C'est ce principe qui, parmi la variété infinie d'aptitudes
et de forces qui distinguent les hommes et les nations dans
le monde des phénomènes (1), monde toujours agité par
un mouvement perpétuel et auquel peut s'appliquer ces
vers :

> « *Vertuntur species animorum, et pectora motus*
> » *Nunc alios, alios... concipiunt... (2)* »

c'est ce principe qui, triomphant des obstacles et sou-
tenu par l'impérieuse et immortelle vérité, laquelle s'avance
irrésistible, plantant partout les étendards de l'éternelle
justice ; c'est ce principe qui cherche et réunit les éléments de l'utilité réciproque et de l'harmonie universelle.

---

(1) Sénèque, en parlant de l'aristocratie et du peuple, ainsi que de la
multitude des choses du monde cosmologique, a dit : « *Non ad unam
natura formam opus suum præstat sed ipsa varietate se jactat. Alia
majora, alia velociora aliis fecit; alia validiora, alia temperantiora,
quædam autem eduxit a turba, ut singula et conspicua præcederent;
quædam in gregem misit.* » (*Nat. quæst* VII, 27.)
(2) Georg., I, 410 et suiv.

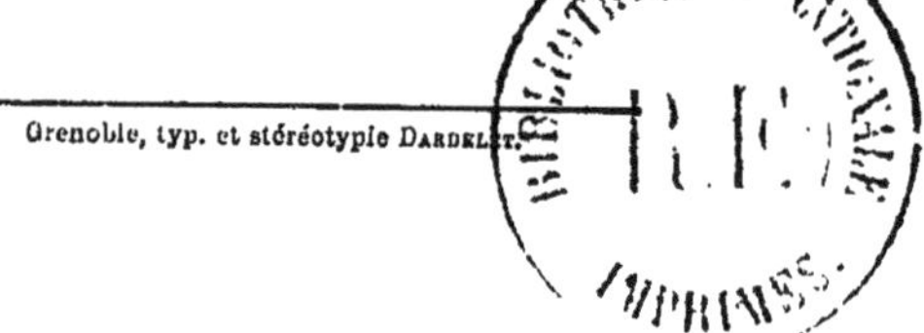

Grenoble, typ. et stéréotypie Dardelet.

www.ingramcontent.com/pod-product-compliance
Ingram Content Group UK Ltd.
Pitfield, Milton Keynes, MK11 3LW, UK
UKHW021713130726
13696UKWH00004B/1790